Suraj Shinde

Motor de Recomendação de Filtragem Colaborativa Baseada em Interesses

Suraj Shinde

Motor de Recomendação de Filtragem Colaborativa Baseada em Interesses

ScienciaScripts

Imprint

Cover image: www.ingimage.com

This book is a translation from the original published under ISBN 978-613-9-97265-4.

Publisher:
Sciencia Scripts
is a trademark of
Dodo Books Indian Ocean Ltd., member of the OmniScriptum S.R.L Publishing group
str. A.Russo 15, of. 61, Chisinau-2068, Republic of Moldova Europe
Printed at: see last page
ISBN: 978-620-4-08614-9

CONTEÚDO

ABSTRACT

Sistemas de recomendação são amplamente utilizados na Web para recomendar produtos e serviços aos usuários. Muitos sites de comércio eletrônico possuem tais sistemas. A filtragem colaborativa é uma tecnologia importante para sistemas de recomendação. A filtragem colaborativa analisa dados históricos. A filtragem colaborativa baseada no usuário e a baseada no item são dois tipos de filtragem colaborativa. A filtragem colaborativa baseada no usuário trata de recomendar o item ao usuário, com base em visões de outros usuários de gosto semelhante para aquele item. Neste artigo, um sistema especializado para recomendação de filmes é apresentado com uma nova abordagem. Este sistema é implementado usando o método de co clustering. A categoria do filme e as classificações dadas pelos usuários são usadas para dar recomendações. Os usuários estão interessados em agrupar itens em categorias e para cada categoria; pode haver um grupo de usuários correspondente que goste de itens nessa categoria. Encontrar interesse do usuário em determinado grupo de itens e agrupar usuários de interesse semelhante é característica distinguível, o que diferencia nossa abordagem dos trabalhos anteriores. A filtragem colaborativa baseada no interesse dos vizinhos do usuário pode ser encontrada com base no interesse do usuário em grupos de usuários. A categoria do item e a classificação dada pelo usuário ao item são consideradas para calcular o interesse do usuário em um determinado grupo de itens. Os itens podem ser representados por um conjunto de propriedades. Se um item for mais parecido com a propriedade de um grupo, ele tem maior grau de interesse no grupo. O design do sistema de recomendação depende dos atributos dos dados disponíveis. O sistema de recomendação varia na forma como eles analisam as fontes de dados. O sistema de recomendação em larga escala enfrenta o problema quando uma grande quantidade de dados está presente. Quando os dados disponíveis são pequenos algoritmos tradicionais disponíveis funcionam bem, mas quando os conjuntos de dados aumentam, os algoritmos tradicionais podem enfrentar dificuldades. Este sistema pode superar várias limitações dos algoritmos tradicionais.

CAPÍTULO-1

INTRODUÇÃO

1.1 INTRODUÇÃO GERAL

O sistema de recomendação é uma espécie de sistema de filtragem de informações, sugerindo itens relevantes para os usuários com a ajuda de sistemas de agentes inteligentes. Além disso, os itens sugeridos têm várias opções, como filmes, livros e notícias. Nesta situação, item e produto são termos abstratos comumente usados para definir entradas de sistemas de recomendação. Uma definição mais formal de sistema de recomendação é "sistemas de recomendação adquirem as preferências dos usuários, e os utilizam para construir algum tipo de modelo us er". Então, o sistema prevê o conjunto de produtos que melhor "combinam" com o modelo do usuário, e os recomenda ao usuário". De acordo com a definição, modelo de usuário é um termo usado para dar valores de preferência a um usuário específico. Cada usuário específico pode aumentar a qualidade do sistema de recomendação ao coletar qualquer informação que satisfaça os gostos do usuário. Os sistemas de recomendação podem agora ser encontrados em muitas aplicações modernas que expõem o usuário a enormes coleções de itens. Tais sistemas tipicamente fornecem ao usuário uma lista de itens recomendados que ele pode preferir, ou prever o quanto ele pode preferir cada item. Esses sistemas ajudam os usuários a decidir sobre itens apropriados e facilitam a tarefa de encontrar itens preferidos na coleção. Por exemplo, o provedor de aluguel de DVD Netflix1 exibe classificações previstas para cada filme exibido, a fim de ajudar o usuário a decidir qual filme alugar. O revendedor de livros online Amazon2 fornece classificações médias para os livros exibidos e uma lista de outros livros que são comprados por usuários que compram um livro específico. A Microsoft fornece muitos downloads gratuitos para usuários, como correções de bugs, produtos e assim por diante. Quando um usuário baixa algum software, o sistema apresenta uma lista de itens adicionais que são baixados juntos. Todos estes sistemas são tipicamente categorizados como sistemas recomendados, apesar de fornecerem diversos serviços. Na última década, houve uma grande quantidade de pesquisas na área de sistemas de recomendação, concentrando-se principalmente no desenho de novos algoritmos para recomendações. Um designer de aplicação que deseja adicionar um sistema de recomendação à sua aplicação tem uma grande variedade de algoritmos à sua disposição, e deve tomar uma decisão sobre o algoritmo mais apropriado para os seus objectivos. Tipicamente, tais decisões são baseadas em experimentos, comparando o desempenho de um número de recomendadores candidatos. O projetista pode então selecionar o algoritmo de melhor desempenho, dadas as restrições estruturais. Além disso, a maioria dos investigadores que sugerem novos algoritmos de recomendação também compara o desempenho do seu novo algoritmo com um conjunto de abordagens existentes. Tais avaliações são normalmente realizadas aplicando alguma métrica de avaliação que fornece uma classificação dos algoritmos candidatos (geralmente usando pontuações numéricas).

1.2 METODOLOGIA DO SISTEMA DE RECOMENDAÇÕES

Os métodos gerais dos sistemas de recomendação concentram-se nos processos de previsão examinados sob a condição de seleção do item ou das perspectivas do usuário. Se esses métodos estiverem relacionados apenas com as características de conteúdo dos itens, eles são chamados de sistemas baseados em conteúdo ou baseados em informações. Em outros casos, o processo de predição pode ser manipulado no contexto social dos usuários. No último ponto de vista, a combinação de ambos os processos de previsão também pode ser manipulada. Portanto, há quatro partes principais da metodologia dos sistemas de recomendação. As informações de conteúdo dos itens e os valores de preferência dados pelos usuários são ambos domínios dos sistemas de recomendação baseados em conteúdo. Essas abordagens recomendam itens que são similares em conteúdo a itens que o usuário gostou no passado, ou que correspondem a atributos do usuário. A filtragem colaborativa diz respeito à vizinhança de pares de usuários; então, essa vizinhança é usada para recomendar itens relevantes. Em sistemas CF um usuário é recomendado itens com base nas classificações passadas de todos os usuários coletivamente. Na metodologia demográfica, a informação demográfica é a componente básica ao fornecer recomendações que incluem sexo, idade, ocupação, informação de localização para um usuário específico. A metodologia baseada no conhecimento considera as necessidades e preferências dos usuários e, de acordo com essas inferências, sugere itens recomendados. Além disso, uma combinação destes tipos de sistemas de recomendação implica o termo sistema de recomendação híbrido.

1.2.1 Sistemas de recomendação baseados em conteúdo

Os sistemas de recomendação baseados no conteúdo tendem a investigar descrições dos itens que são preferidos pelos usuários particulares. Se houver uma semelhança entre os itens observados, os usuários reais podem provavelmente dar valores de preferência iguais para os itens que estão relacionados a esses usuários de teste. Antes do início do processo de cálculo de similaridade, a representação de itens tem uma função para determinar os detalhes dos sistemas de recomendação.

Outro conceito para sistemas de recomendação baseados no conteúdo é o perfil do usuário que inclui os interesses dos usuários, que estão preocupados em duas situações que são

- As preferências do modelo do usuário contêm representações explicativas dos tipos de produtos que satisfazem os interesses desses usuários. Muitas notações alternativas possíveis podem ocorrer para esta explicação. No entanto, um método bem conhecido nesta situação é encontrar similaridade do usuário que tem uma atenção nesse produto.

- Nesta situação, trata-se das interacções passadas dos utilizadores observadas no sistema de recomendação. Isto pode diversificar em tipos como produto comprado pelo usuário ou dada a classificação aos itens

Em sistemas de recomendação baseados em conteúdo, o conjunto de dados históricos também é usado para um modelo de usuário que é um conjunto de dados de treinamento de uma técnica de aprendizagem de máquina.

1.2.2 Sistemas Colaborativos de Recomendação de Filtragem

Os sistemas de recomendação Collaborative Filtering (CF) investigam os usuários similares de um usuário real em vez de pesquisar itens similares que o usuário já gostou antes. O termo "vizinho mais próximo" ocorre exatamente nesta situação. Este termo preocupa-se em encontrar um alto valor de correlação quando se procura as preferências anteriores desses usuários. As experiências dos amigos de um usuário real têm um bom indicador das preferências comuns deste usuário. Além disso, o termo "boca a boca" existe quando as técnicas de Filtragem Colaborativa fazem os processos de recomendação automaticamente. Os métodos de Filtragem Colaborativa têm a seguinte hipótese básica; se os usuários *X* e *Y* dão classificações semelhantes a *n* itens ou indicam comportamentos comuns, como assistir a filmes ou ouvir música e como resultado deste sistema de recomendação pode dar a estes usuários valores de preferência semelhantes para outros produtos. A maioria das técnicas de Filtragem Colaborativa tem um conjunto de *m* usuários (u1,u2, um) e *n*
itens (i1,i2in ....) e há também uma lista de itens para cada usuário , esse usuário tem
já dadas classificações. Existem dois tipos de processos de recolha de interesse do utilizador que estão explícita e implicitamente a recolher as preferências dos utilizadores. Na forma explícita de recolha de dados, os utilizadores podem dar um voto num intervalo entre 1 e 5. Este processo é completamente controlado pelos prazeres dos utilizadores. O segundo é a forma indireta de recolha de dados links baseados em cliques ou itens comprados são exemplos de indicações implícitas . Sistemas de Filtragem Colaborativa (CF) funcionam coletando o feedback do usuário na forma de classificações para itens em um determinado domínio e explorando as semelhanças no comportamento de classificação entre vários usuários para determinar como recomendar um item. Os métodos de CF podem ser ainda subdivididos em abordagens baseadas na vizinhança e baseadas em modelos. Os métodos baseados na vizinhança também são comumente referidos como abordagens baseadas na memória.

1.2.3 Abordagem Híbrida

A fim de aproveitar os pontos fortes dos recomendadores baseados no conteúdo e na colaboração, foram propostas várias abordagens híbridas que combinam as duas. Uma abordagem simples é permitir que os métodos de filtragem baseados em conteúdo e colaborativos produzam listas distintas de recomendações, e depois fundir os seus resultados para produzir uma lista final. As duas previsões podem ser combinadas usando uma média adaptativa ponderada, onde o peso do componente colaborativo aumenta conforme aumenta o número de usuários que acessam um item. Existe uma estrutura geral para a Filtragem Colaborativa de Conteúdo, onde as previsões baseadas no conteúdo são aplicadas para converter uma matriz de classificações de usuários esparsa em uma matriz de classificações completa, e então um método CF é usado para fornecer recomendações. Em particular, eles usam um classificador treinado em documentos que descrevem os itens classificados de cada usuário, e substituem os itens não classificados por previsões desse classificador. Eles usam a matriz de pseudo classificações resultante para encontrar vizinhos semelhantes ao usuário ativo e produzem previsões usando a correlação Pearson, devidamente ponderada para contabilizar a sobreposição de itens realmente classificados, e para as previsões de conteúdo do usuário ativo. Esta abordagem tem demonstrado um melhor desempenho do que a Filtragem Colaborativa pura, sistemas baseados em conteúdo puro, e uma combinação linear dos dois. Dentro desta estrutura de CF de conteúdo reforçado, são demonstrados resultados melhorados usando um preditor de conteúdo mais forte, tan-elr , e uma filtragem colaborativa Pearson não ponderada. Várias outras abordagens híbridas são baseadas na Filtragem Colaborativa tradicional, mas também mantêm um perfil baseado no conteúdo para cada usuário. Estes perfis baseados no conteúdo, em vez de itens co-referidos, são usados para encontrar usuários similares. Cada perfil de usuário é representado por um vetor de palavras ponderadas derivado de exemplos positivos de treinamento usando o algoritmo Winnow. As previsões são feitas aplicando CF diretamente à matriz de perfis de usuário (ao contrário da matriz de classificação do usuário). Uma abordagem alternativa utiliza feedback de relevância para utilizar simultaneamente um filtro pessoal juntamente com um filtro "tópico" comum. Os documentos são inicialmente classificados pelo filtro de tópicos e depois enviados para um filtro pessoal do usuário. O feedback de relevância do usuário é usado para modificar tanto o filtro pessoal quanto o filtro do tópico de origem. A filtragem colaborativa pode ser usada juntamente com uma série de agentes de filtragem de informações personalizadas.

As previsões para um usuário podem ser feitas aplicando CF no conjunto de outros usuários e nos agentes personalizados do usuário ativo. Várias abordagens híbridas tratam a recomendação como uma tarefa de classificação, e incorporam elementos colaborativos nesta tarefa. Um sistema de indução de regras pode ser usado, para aprender uma função que leva um usuário e um filme e prevê se o filme vai ser gostado ou não. Eles podem combinar informações colaborativas e de conteúdo, criando características tais como comédias apreciadas pelo usuário e usuários que gostaram de filmes do gênero *X*. Uma matriz de termo-documento representando todo o conteúdo do item pode ser multiplicada com a matriz de classificação do usuário para produzir uma matriz de perfil de conteúdo.

Usando a Indexação Semântica Latente, é calculada uma aproximação do ranking da matriz de perfil de conteúdo. Os vetores de termos dos documentos relevantes do usuário são calculados como média para produzir o perfil de um usuário. Então, novos documentos são classificados contra o perfil de cada usuário no espaço do LSI. Algumas abordagens híbridas tentam combinar diretamente conteúdo e dados colaborativos sob uma única estrutura probabilística.

1.3 METODOLOGIA DE FILTRAGEM COLABORATIVA

A Filtragem Colaborativa (FC) refere-se ao uso de algoritmos de software para reduzir um grande conjunto de escolhas através da colaboração entre vários agentes, pontos de vista e fontes de dados. O termo Filtragem Colaborativa foi cunhado pela primeira vez pelos fabricantes de um dos primeiros sistemas de recomendação, o Tapestry. A filtragem colaborativa é usada em vários sites de comércio eletrônico que fornecem recomendações personalizadas aos usuários com base em suas classificações passadas para um produto. A premissa básica do CF é que os gostos pessoais do usuário A e do usuário B estão correlacionados se ambos os usuários classificam *n* itens de forma semelhante. A filtragem colaborativa requer classificações para que um item faça uma previsão para ele. A classificação é uma associação de um usuário e de um item por meio de um valor. A classificação pode ser explícita ou implícita. A classificação explícita requer que o usuário avalie um item. A classificação implícita infere a preferência do usuário a partir de suas ações. Se um usuário visita uma página de produto, então ele pode ter interesse em comprar o produto, mas se ele acabar comprando o produto, então infere-se que o usuário tem um interesse muito forte em produtos similares.

Algoritmos de filtragem colaborativa (CF) geralmente separados em duas partes:

- Algoritmo baseado em memória
- Algoritmo baseado em modelos.

1.3.1 Filtragem Colaborativa Baseada em Memória

Outro nome dos algoritmos baseados em memória é algoritmos de recomendação preguiçosos. Eles adiam as tentativas calculadoras de prever a precedência de um objeto para o momento em que os clientes pedem uma coleção de recomendações. A fase de treinamento do algoritmo baseado em memória inclui o armazenamento de toda a classificação dos clientes em memória. Existem duas recomendações diferentes baseadas em memória que estão de acordo com o algoritmo do k-Nearest vizinho

- Filtragem por item
- Filtragem baseada no usuário

1.3.1.1 Filtragem colaborativa baseada em itens

A filtragem baseada em itens foca principalmente na compreensão dos itens/objetos mais similares. Os itens/objetos são considerados similares quando a mesma coleção de clientes os classificou ou comprou altamente. Para cada objeto que pertence ao cliente que é ativo, a vizinhança dos objetos mais prováveis é reconhecida. Cada k-neighbour de topo é colocado numa lista de candidatos juntamente com a sua semelhança com o objecto do utilizador que é activo. A lista de candidatos é classificada nestas pontuações acumuladas e as sugestões e recomendações do top N são apresentadas ao cliente.

1.3.1.2 Filtragem Colaborativa Baseada no Usuário

A filtragem baseada no usuário corresponde ao cliente/usuário que está ativo versus a matriz de ranking para encontrar os vizinhos do cliente ativo com o qual o usuário que está ativo tem um passado concorrente. A princípio, todos os vizinhos identificam, todo o objecto de perfil que pertencem aos vizinhos que são estranhos para o cliente que está activo são considerados como sugestão e recomendação que são possíveis e classificados na vizinhança pela sua frequência. Uma taxa de acordo com o seu valor acumulado destas frequências gera recomendações.

1.3.2 Filtragem Colaborativa Baseada em Modelos

Outro nome deste modelo é Eager recommendations algorithms, Model-based Collaborative Filtering algorithms fazem a maioria do trabalho que é difícil em recomendações. Produzir as sugestões ou recomendações é uma questão descomplicada e rápida de aplicar o modelo derivado.

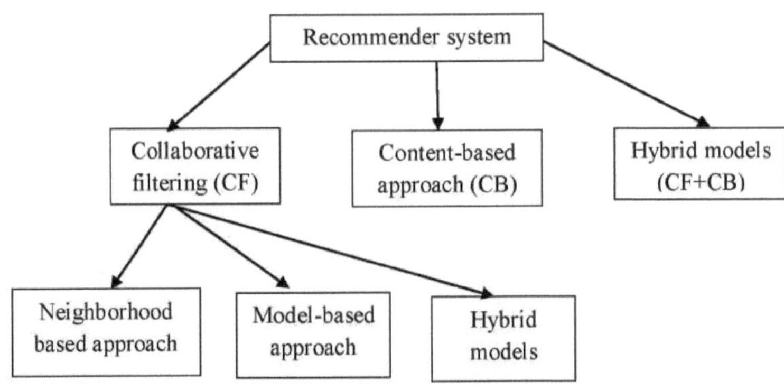

Fig 1.1 Tipos de Sistema de Recomendação

1.4 APLICAÇÕES DO SISTEMA DE RECOMENDAÇÃO

Existem várias aplicações importantes do sistema de recomendação.

1.4.1 Recomendações de Produtos

Talvez a utilização mais importante dos sistemas de recomendação seja nos retalhistas on-line. Os vendedores on-line da Amazon ou similares se esforçam para apresentar a cada usuário que retorna com algumas sugestões de produtos que ele possa gostar de comprar.

1.4.2 Recomendações de Filmes

A Netflix oferece aos seus clientes recomendações de filmes que eles possam gostar. Essas recomendações são baseadas em classificações fornecidas pelos usuários.

1.4.3 Artigos de Notícias

Os serviços de notícias têm tentado identificar artigos de interesse para os leitores, com base nos artigos que leram no passado. A semelhança pode estar baseada na semelhança de palavras importantes nos documentos, ou nos artigos que são lidos por pessoas com gostos de leitura semelhantes. Os mesmos princípios se aplicam a recomendar blogs entre milhões de blogs disponíveis, vídeos no YouTube, ou outros sites onde o conteúdo é fornecido regularmente.

1.4 EXEMPLOS DE SISTEMAS DE RECOMENDAÇÃO

Vários exemplos de negócios de comércio eletrônico que utilizam uma ou mais variações da tecnologia do sistema de recomendação em seus sites são apresentados como abaixo. Para cada site, e cada variação, é dada uma breve descrição das características do sistema.

1.5.1 Amazon.com

Como muitos sites de comércio eletrônico, a Amazon.com está estruturada com uma página de informações para cada livro, dando detalhes do texto e informações de compra. O recurso Clientes que Compraram é encontrado na página de informações de cada livro do seu catálogo. Na verdade, são duas listas de recomendações separadas. A primeira recomenda livros comprados frequentemente pelos clientes que compraram o livro selecionado. A segunda recomenda autores cujos livros são frequentemente comprados por clientes que compraram obras do autor do livro seleccionado. A Amazon também encoraja o feedback direto dos clientes sobre os livros que eles leram. Os clientes classificam os livros que leram numa escala de 5 pontos, de "odiaram" a "adoraram". Após classificar uma amostra de livros, os clientes podem solicitar recomendações de livros que eles possam gostar. Nesse momento, são apresentados meia dúzia de textos não classificados que se correlacionam com os gostos indicados pelo usuário.

1.5.2 CDNOW

A funcionalidade de CDNOW do Album Advisor funciona em três modos diferentes. Os dois primeiros são semelhantes ao recurso Clientes que Compraram da Amazon.com. Os clientes localizam a página de informações de um determinado álbum ou artista. O sistema então recomenda dez outros álbuns relacionados com o álbum ou artista em questão. Os resultados são apresentados como "Clientes que compraram X também compraram o conjunto S" ou "Clientes que compraram itens por Y também compraram o conjunto T". O terceiro modo funciona como um "conselheiro de presentes". O tipo de clientes nos nomes de até três artistas, e o sistema retorna uma lista de dez álbuns que a CDNOW considera semelhantes aos artistas em questão.

1.5.3 Drogaria.com

O recurso Assessor na Drugstore.com permite que os clientes indiquem suas preferências ao comprar um produto de uma categoria como "cuidados solares" ou "remédios para gripes e resfriados". Por exemplo, neste último, os clientes indicam os sintomas que desejam aliviar (corrimento nasal e espirros), a forma em que desejam o alívio (cápsulas) e a "idade" do paciente a quem desejam administrar o produto (adulto). Ao receber esta informação, o Conselheiro devolve uma lista de produtos recomendados para atender as condições.

1.5.4 eBay

O Perfil de Feedback no eBay.com permite tanto aos compradores como aos vendedores contribuir para os perfis de feedback de outros clientes com quem tenham feito negócios. O feedback consiste em um índice de satisfação (satisfeito/neutro/ insatisfeito), bem como um comentário específico sobre o outro cliente. O feedback é utilizado para fornecer um sistema de recomendação aos compradores, que são capazes de ver o perfil dos vendedores. Este perfil consiste em uma tabela com o número de cada classificação nos últimos 7 dias, no mês passado e nos últimos 6 meses, bem como um resumo geral (por exemplo, 867 positivos de 776 clientes únicos). Mediante solicitação adicional, os clientes podem consultar as classificações e comentários individuais para os vendedores.

1.5.5 MovieFinder.com

MovieFinder.com é o site de filmes mantido por E! Online. Tanto a classificação dos usuários quanto as características de Nossa classificação relatam uma recomendação de classificação por carta ao cliente. O recurso Users Grade permite que os clientes se registrem no site e dêem notas de letra (A-F) aos filmes que viram. Estas notas são então calculadas como média sobre todos os clientes e reportadas como a Nota do Utilizador. O recurso Nossa Nota fornece aos clientes uma nota dos editores do E! Online. Assim, os clientes que vêem a página de informações do Toy Story 2 podem descobrir que ele recebe uma nota A dos editores com uma nota A- dos clientes que o classificaram.

1.6 SÍNTESE

Como introdução, este capítulo descreve o sistema de recomendação. O objetivo de um sistema de recomendação é gerar recomendações significativas para uma coleção de usuários para itens ou produtos que possam interessar a eles. Os sistemas de recomendação são agora populares tanto comercialmente como na comunidade de pesquisa, onde muitas abordagens têm sido sugeridas para fornecer recomendações.

CAPÍTULO-2
REVISÃO DA LITERATURA

2.1 INTRODUÇÃO GERAL

A recomendação está se tornando um dos métodos mais importantes para fornecer documentos, mercadorias e cooperadores para responder às exigências dos usuários no fornecimento de informações, comércio e serviços que são para a sociedade (serviços comunitários), seja através do celular ou na web. A quantidade de dados e informações tem aumentado diariamente, o que causa uma sobrecarga de informação e dados. Neste momento, encontrar as necessidades e tendências dos clientes tornou-se importante, uma vez que este problema se transformou no grande problema. Uma das inovações que ajudou muito as pessoas foram os motores de busca (motores de busca) e eles foram de certa forma como uma solução para este problema. De qualquer forma, a informação não podia ser personalizada por esses motores. Os desenvolvedores de sistemas introduziram uma solução para este problema que chamou sistema de recomendação. Este sistema usava para classificar e filtrar informações, dados e objetos. Os sistemas de recomendação utilizam a idéia dos usuários de uma sociedade ou comunidade para ajudar a perceber efetivamente a tendência dos usuários e também as demandas em uma sociedade a partir de um conjunto possivelmente oneroso de seleções. O principal objetivo do sistema de recomendação é criar sugestões e recomendações significativas de informações, produtos ou objetos para a sociedade dos usuários que os usuários possam interessar. Por exemplo, recomendação de livros no site Amazon, Netflix que recomendam filmes que utilizam sistemas de recomendação para identificar as tendências dos usuários e, posteriormente, atrair cada vez mais usuários. Existem muitos métodos e algoritmos diferentes que podem ajudar os sistemas de recomendação a criar recomendações que são personalizadas. Os sistemas de recomendação são uma alternativa útil aos algoritmos de busca, pois ajudam os usuários a descobrir itens que podem não ter encontrado sozinhos. Curiosamente, os sistemas de recomendação são frequentemente implementados utilizando motores de busca que indexam dados não tradicionais. O sistema de recomendação é uma área de pesquisa ativa nas áreas de mineração de dados e aprendizagem de máquinas. A rede de notícias é um dos primeiros sistemas de recomendação de filtragem colaborativa. News net é uma filtragem colaborativa baseada no usuário, com base no coeficiente de correlação Pearson. Ringo é outro sistema de recomendação de filtragem colaborativa, que utiliza a personalização para recomendar música e artistas. Em 1999, (Algoritmo de Recomendação Inteligente) foi proposto como um sistema de recomendação de filtragem colaborativa baseada em gráficos, usa um algoritmo de busca "wide-first" para computar os caminhos mais curtos entre os vértices gráficos (usuários). Além disso, o gráfico bipartido de item de usuário e a projeção de um modo são usados em um sistema de recomendação de filmes. Neste sistema um gráfico de recomendação é definido como a soma do gráfico bipartido e do gráfico de projeção de um modo, então um algoritmo de caminho mais curto é aplicado no gráfico de recomendação a fim de computar a recomendação. No trust walker, um algoritmo de caminhada aleatória é proposto para recomendar itens em uma rede de confiança. Neste algoritmo os itens são recomendados com base em classificações expressas por amigos de confiança, usando seleção probabilística de itens e caminhada aleatória. Outros sistemas de recomendação incluem aspectos semânticos, além de aspectos de filtragem colaborativa. Um algoritmo de recomendação também é introduzido para a etiquetagem colaborativa de URLs. Neste sistema, os interesses dos usuários são modelados de acordo com seus laços sociais e os vocabulários que eles usam para etiquetar URLs. Também é proposto um algoritmo no qual tags similares são agrupadas em clusters, esses clusters de tags são usados como conjuntos intermediários entre usuários e itens, na verdade a recomendação é baseada em dois valores de proximidade: proximidade entre usuários e clusters de tags, e proximidade entre clusters de itens e tags. Também é proposto um algoritmo para dar recomendações em uma rede social profissional. Este algoritmo tem como objetivo recomendar um grupo de autores classificados similar a um determinado critério, em uma rede social de autores conectados. Neste sistema, as recomendações são baseadas na análise da rede social e dos perfis dos utilizadores, estes perfis são representados por vectores de palavras-chave. Em um sistema de recomendações sociais semânticas, os autores propõem representar os usuários por um vetor de pontuação de interesses atribuídos a tópicos tomados da taxonomia de domínio; esta taxonomia representa categorias de itens, então uma medida de semelhança semântica (entre os vetores de usuários e a taxonomia de domínio) é utilizada em um sistema de recomendações semânticas (taxonomia).

2.2 TRABALHO RELACIONADO AO SISTEMA DE RECOMENDAÇÕES

A idéia básica da abordagem de filtragem colaborativa baseada no usuário é descobrir um conjunto de usuários que tenham padrões de favorecimento semelhantes a um determinado usuário (isto é, "vizinhos" do usuário) e recomendar ao usuário os itens que outros usuários do mesmo conjunto como [3], enquanto a abordagem de filtragem colaborativa baseada no item visa fornecer ao usuário a recomendação sobre um item com base nos outros itens com altas correlações (isto é, "vizinhos" do item) [4]. Em todos os métodos de filtragem colaborativa, é um passo significativo para encontrar vizinhos dos usuários (ou itens), ou seja, um conjunto de usuários (ou itens) semelhantes. Atualmente, quase todos os métodos de filtragem colaborativa medem a similaridade dos usuários (ou similaridade dos itens) com base nos itens de usuários (ou usuários comuns dos itens) co-avaliados. Embora estes métodos de recomendação sejam amplamente utilizados no E-Commerce, foram identificadas várias insuficiências. Um algoritmo de filtragem colaborativa baseado no usuário é um dos algoritmos de filtragem, conhecido por sua simplicidade e eficiência. No artigo [3] é realizado um estudo para sua implementação e sua eficiência em termos de complexidade de predição. O algoritmo CF baseado no usuário produz uma lista de recomendações para o usuário do objeto de acordo com a visão de outros usuários. Os pressupostos são: se as classificações de alguns itens classificados por alguns usuários forem semelhantes, a classificação de outros itens classificados por esses usuários também será semelhante [3]. O sistema de recomendação CF usa técnicas estatísticas para pesquisar os vizinhos mais próximos do usuário objeto e, em seguida, com base na classificação dos itens classificados pelos vizinhos mais próximos, para prever a classificação dos itens classificados pelo usuário objeto e, em seguida, produzir a lista de recomendações correspondente. O componente de filtragem colaborativa que utiliza um algoritmo baseado na vizinhança é o seguinte. Nos algoritmos baseados em vizinhança, um subconjunto de usuários é escolhido com base em sua semelhança com o usuário ativo, e uma combinação ponderada de suas classificações é usada para produzir previsões para o usuário ativo. O algoritmo para [3] pode ser resumido como se segue. Todos os usuários são ponderados em relação à similaridade com o usuário ativo. A similaridade entre usuários é medida como a correlação Pearson entre seus vetores de avaliação. Selecione n usuários ativos que tenham a maior similaridade. E Calcule uma previsão, a partir de uma combinação ponderada. Este sistema [3] utiliza a classificação dos usuários, mas não considera o interesse dos usuários. Paper [6] apresenta uma visão geral do campo de sistemas de recomendação e descreve a geração atual de métodos de recomendação que normalmente são classificados nas três categorias principais seguintes: abordagem de recomendação baseada em conteúdo, colaborativa e híbrida. Este documento [6] também descreve várias limitações dos métodos de recomendação atuais e discute possíveis extensões que podem melhorar as capacidades de recomendação e tornar os sistemas de recomendação aplicáveis a uma gama ainda mais ampla de aplicações. Essas extensões incluem, entre outras, uma melhoria na compreensão dos usuários e itens, incorporação da informação contextual no processo de recomendação, suporte a classificações de múltiplos critérios e uma provisão de tipos de recomendações mais flexíveis e menos intrusivas. A atual geração de sistemas de recomendação pesquisada neste trabalho [6] ainda requer melhorias adicionais para tornar os métodos de recomendação mais eficazes em uma gama mais ampla de aplicações. Neste documento, [6] eles reviram várias limitações dos métodos de recomendação atuais e discutiram possíveis extensões que podem fornecer melhores capacidades de recomendação. Essas extensões incluem, entre outras, a melhoria da modelagem de usuários e itens, incorporação da informação con-textual no processo de recomendação, suporte a classificações de múltiplos critérios e fornecimento de um processo de recomendação mais flexível e menos intrusivo. Em qualquer sistema de recomendação, o número de classificações já obtidas é geralmente muito pequeno em comparação com o número de classificações que precisam ser previstas. A previsão eficaz das avaliações a partir de um pequeno número de exemplos é importante. Além disso, o sucesso do sistema de recomendações colaborativas depende da disponibilidade de uma massa crítica de usuários. Por exemplo, no sistema de recomendação de filmes, pode haver muitos filmes que foram classificados por apenas poucas pessoas e esses filmes seriam recomendados muito raramente, mesmo que esses poucos usuários dessem classificações altas a eles. Além disso, para o usuário cujos gostos são incomuns em comparação com o resto da população, não haverá outros usuários que sejam particularmente similares, levando a más recomendações [6]. Uma maneira de superar o problema da esparsidade de classificação é usar a informação do perfil do usuário ao calcular a similaridade do usuário. Ou seja, dois usuários poderiam ser considerados semelhantes não só se classificassem os mesmos filmes de forma semelhante, mas também se pertencessem ao mesmo segmento demográfico. Em papel [5], eles visavam aliviar o problema de sparsity em sistemas colaborativos de filtragem. Eles modelaram o problema da recomendação como um problema de recuperação associativa. Algoritmos de ativação de propagação desenvolvidos na literatura de recuperação de informação associativa foram aplicados para explorar eficientemente associações transitivas. A eficácia desta abordagem foi avaliada experimentalmente usando dados de uma livraria online. Os resultados experimentais indicaram que (a) a disseminação da filtragem colaborativa baseada em ativação alcançou uma qualidade de recomendação significativamente melhor do que as abordagens de filtragem colaborativa padrão que não levam em consideração associações transitivas, e (b) as abordagens baseadas na disseminação da ativação podem efetivamente aliviar o problema do arranque a frio, gerando recomendações de alta qualidade para novos usuários. Elas também servem ao efeito de ativação excessiva das abordagens baseadas na ativação de propagação, ou seja, sobrepor associações transitivas a um gráfico consumidor-produto que não seja esparso pode "diluir" os dados usados para inferir as preferências do usuário. Eles usaram conjuntos de dados adicionais com características diferentes para comparar as performances dos algoritmos de ativação de propagação com outros algoritmos de filtragem colaborativa estudados neste artigo [5]. Seus resultados experimentais iniciais no conjunto de dados do Milhão de Filmes, onde a matriz de interação do produto de consumo é muito mais densa do que a do conjunto de dados da livraria online deste estudo, mostraram que a abordagem baseada no item alcançou o melhor desempenho, seguida pelas abordagens baseadas no usuário. O algoritmo de ativação de difusão teve um desempenho ligeiramente pior do que as abordagens baseadas no usuário. Este resultado fornece mais evidências do efeito de ativação excessiva e indica a importância das características específicas do conjunto de dados e seu impacto na seleção de uma abordagem de filtragem colaborativa apropriada. A pesquisa futura visa obter uma compreensão abrangente da aplicabilidade e eficácia da abordagem de disseminação da filtragem colaborativa baseada em ativação. Eles estão no processo de comparar e combinar os algoritmos de ativação de propagação com as abordagens de recomendação híbrida. Ao incluir associações de itens e usuários com base em informações relacionadas ao conteúdo (por exemplo, tenda de livros, demografia de clientes, etc.), os algoritmos de ativação de disseminação podem ser aplicados diretamente para gerar recomendações híbridas. Os resultados experimentais iniciais mostraram que a recomendação híbrida baseada na ativação de difusão foi significativamente melhor do que todas as outras abordagens. Eles também estão trabalhando para incorporar a freqüência inversa do usuário e a freqüência inversa do item em nossa estrutura de ativação de espalhamento. Ao atribuir estes como pesos aos nós no modelo gráfico, pode haver uma melhoria na qualidade da recomendação dos algoritmos de ativação de propagação e, até certo ponto, aliviar o efeito de ativação excessiva. Eles estão ampliando a estrutura de ativação de propagação para que ela possa lidar com sistemas que possuem feedback que levam múltiplos valores (por exemplo, classificações), além de dados transacionais binários. Um grande número de sistemas de recomendação para uma variedade de domínios foi desenvolvido e está em uso. Estes sistemas de recomendação utilizam uma variedade de métodos, tais como abordagem baseada no conteúdo, abordagem colaborativa, abordagem baseada no conhecimento, abordagem baseada na utilidade, abordagem híbrida, etc. Foi introduzido um sistema de recomendação personalizado para sugerir novos produtos em supermercados aos compradores, com base no seu comportamento de compra anterior. Este sistema desenvolvido na pesquisa da IBM foi implementado como parte do Smart Pad, um sistema de compras remotas baseado em PDA. Este sistema utiliza filtragem baseada no conteúdo com filtragem colaborativa utilizada para refinar as recomendações. A maioria dos sistemas de recomendação online para uma variedade de itens usa classificações de usuários anteriores para fazer recomendações a usuários atuais com interesse semelhante s. Um desses sistemas foi projetado para melhorar os resultados da pesquisa. O sistema encoraja os utilizadores a introduzir consultas de pesquisa mais longas e mais informativas, e recolhe classificações dos utilizadores sobre se os resultados da pesquisa satisfazem ou não as suas necessidades de informação. Essas classificações são então usadas para fazer recomendações a usuários posteriores com necessidades similares. O Movie Lens é um sistema de recomendação de filmes online. Quando um usuário faz login pela primeira vez, é solicitado ao usuário que classifique determinados filmes que ele tenha visto. Essas classificações são então usadas para recomendar outros filmes ao usuário que o usuário não tenha visto. Ele também usa filtragem colaborativa baseada em classificações por similares. Estas duas abordagens são combinadas para criar recomendações personalizadas. O Group Lens Research Group também criou uma versão da lente do filme para uso com um dispositivo móvel, como um PDA que nem sempre está conectado à Internet. Outra faceta que pode ser usada para criar recomendações melhoradas é a informação contextual. Isto é especialmente verdadeiro no caso de sistemas de recomendação para planos de férias, restaurantes, etc. onde outros factores como a hora, localização, companheiro, etc. também desempenham um papel importante na escolha dos utilizadores. Uma abordagem multidimensional de recomendação utiliza a informação contextual juntamente com a abordagem híbrida. Um estudo de avaliação foi realizado para mostrar que a utilização de perfis adicionais de clientes e a utilização de análise multidimensional para encontrar fatores-chave que afetam as escolhas dos clientes ajuda a aumentar a qualidade da recomendação. Eles usaram o modelo de recomendação multidimensional (modelo de recomendação MD) como base para estabelecer uma estrutura de recomendação com coleta de dados multidimensionais e capacidade de análise para resolver os problemas de recomendação de filmes. Em papel [7] eles apresentaram Moviegen, um sistema especializado para recomendação de filmes. Eles implementam o sistema usando a aprendizagem da máquina e a análise de cluster com base em uma abordagem híbrida de recomendação.

2.3 SÍNTESE

Este capítulo descreve o trabalho anterior de outros pesquisadores. Assim, hoje em dia, com a melhoria da tecnologia e também com o aumento da quantidade de dados, precisamos de um método e sistema que possa ajudar as pessoas a encontrar os seus interesses e os seus itens com menos esforço e também com o passar menos tempo com mais precisão. Há várias maneiras de explorá-los para atingir esses objetivos, como a filtragem colaborativa (CF), a filtragem de base de conteúdo e também o sistema híbrido.

CAPÍTULO-3

METHODOLOGIA

3.1 INTRODUÇÃO GERAL

O objetivo de um Sistema de Recomendação é gerar recomendações significativas a um grupo de usuários para itens ou produtos que possam interessar a eles. Nossa metodologia proposta é fazer grupos de itens de acordo com sua categoria e sub-agrupá-los de acordo com as classificações dadas pelo usuário aos itens desse grupo em particular. Este método é utilizado para dar uma melhor recomendação.

3.2 MOTIVAÇÃO

Em todos os métodos de filtragem colaborativa, é um passo significativo para encontrar vizinhos dos usuários (ou itens), ou seja, um conjunto de usuários (ou itens) semelhantes. Atualmente, quase todos os métodos CF medem a similaridade dos usuários (ou a similaridade dos itens) com base nos itens de usuários (ou usuários comuns de itens). Embora estes métodos de recomendação sejam amplamente utilizados no E-Commerce, foram identificadas várias insuficiências, incluindo a Sparsity de dados, que é o problema de ter muito poucas classificações e, portanto, é difícil descobrir correlações entre usuários e itens. Isso ocorre quando os dados disponíveis são insuficientes para identificar usuários ou itens similares. É uma questão importante que limita a qualidade das recomendações de CF. Outro problema é a precisão das recomendações. As pessoas requerem sistemas de recomendação para prever as preferências ou classificações dos usuários da forma mais precisa possível. No entanto, algumas previsões fornecidas pelos sistemas atuais podem ser muito diferentes das preferências ou classificações reais dadas pelos usuários. Essas previsões imprecisas, especialmente as previsões de grandes erros, podem reduzir a confiança dos usuários no sistema de recomendações. O uso de itens classificados para representar um usuário, como na filtragem colaborativa convencional, só captura a preferência do usuário em um nível baixo (ou seja, nível do item). Medir a similaridade dos usuários com base nessa representação de baixo nível de usuários (ou seja, itens de co-nível de usuários) pode levar a resultados imprecisos em alguns casos. Por exemplo, suponha que Bob tenha classificado apenas cinco filmes de guerra típicos com as classificações mais altas, enquanto Tom classificou outros cinco filmes de guerra típicos com as suas classificações mais altas. Se usarmos métodos tradicionais de CF para medir a semelhança entre Bob e Tom, eles não serão nada parecidos, pela razão de que não há itens co avaliados entre Bob e Tom.

No entanto, tal resultado não é intuitivamente verdadeiro. Apesar de Bob e Tom não terem itens de co-promoção, ambos são fãs de filmes de guerra e compartilham preferências muito semelhantes em filmes de guerra. Assim, devemos considerá-los semelhantes a um grau elevado. Além disso, quanto mais esparsos são os dados de classificação do usuário, mais seriamente os métodos tradicionais de CF sofrem de tal probl em. Portanto, há necessidade de selecionar os "vizinhos" dos usuários, medindo a similaridade dos usuários com base nos graus de interesse dos usuários em grupos de usuários, o que irá diferenciá-los dos métodos anteriores.

3.2.1 Esquema básico

Ao fazer uso do clustering para ver o seu efeito no resultado da recomendação com as seguintes informações:

- Testes
- Resultado
- Recomendação

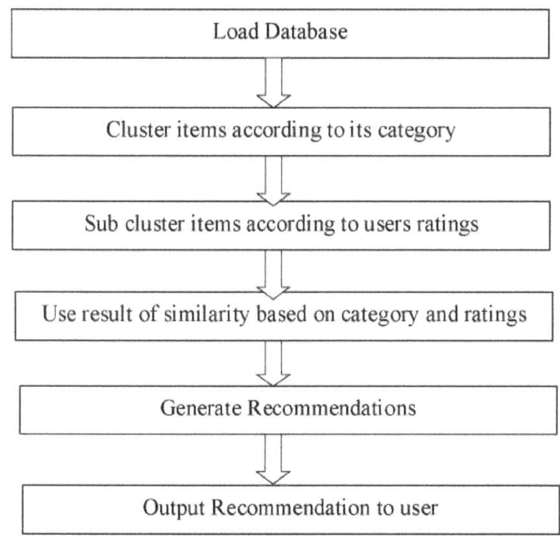

3.1 Fluxo do sistema

3.2.1 Conclusão da Pesquisa de Literatura

Atualmente, quase todos os métodos CF medem a semelhança dos usuários (ou a semelhança dos itens) com base nos itens de usuários (ou usuários comuns de itens). Embora esses métodos de recomendação sejam amplamente utilizados no E-Commerce, uma série de inadequações foram identificadas, incluindo a escassez de dados e a precisão das recomendações. Não tem havido trabalho prévio na investigação da recomendação de CF através da combinação de objetos de interesse.

3.2.2 Necessidade do sistema proposto

A escolha do método de clustering é dependente do domínio de aplicação. Diferentes domínios de aplicação podem usar diferentes métodos de clustering. Há necessidade de agrupar recursos de modo a descobrir grupos de itens e os grupos de usuários correspondentes.

- Existe a necessidade de um sistema para melhorar a precisão das previsões.
- Há necessidade de um sistema que funcione bem com conjuntos de dados de treinamento esparsos, especialmente conjuntos de dados com classificação esparsa para cada item.
- Há necessidade de um sistema para reduzir o número de grandes previsões de erros

3.3 OBJETIVO

Nos sistemas existentes, é difícil encontrar correlações entre usuários e itens. Isso ocorre quando os dados disponíveis são insuficientes para identificar usuários ou itens similares. É uma questão importante que limita a qualidade das recomendações de filtragem colaborativa. Algumas previsões fornecidas pelos sistemas atuais podem ser muito diferentes das preferências ou classificações reais dadas pelos usuários. Essas previsões imprecisas, especialmente as grandes previsões de erros, podem reduzir a confiança dos usuários no sistema de recomendações. O objetivo principal é usar o clustering para criar grupos de itens e usuários e ver seu efeito nas recomendações.

3.4 FILTRAGEM COLABORATIVA BASEADA EM INTERESSES

Com base no interesse baseado na filtragem colaborativa de vizinhos do usuário pode ser encontrado com base no interesse do usuário em grupos de usuários. Se considerarmos um sistema de recomendação de filtragem colaborativa com conjunto de itens e de usuários, os itens podem ser agrupados em vários grupos de itens. Por exemplo, os filmes podem ser agrupados de acordo com seu gênero como comédia, ação, drama e assim por diante. Usuários com interesse semelhante em um grupo de itens podem formar seu grupo como um grupo de usuários.

pode ser formado. Para cada grupo de itens pode haver um grupo de usuários correspondente. Então, um vetor QT de interesse do usuário pode ser construído para cada usuário, a partir do qual a cabina matriz de interesse do usuário pode ser obtida. Depois de obter a semelhança dos usuários com base em seus graus de interesse em grupos de usuários, um conjunto de "vizinhos" pode ser obtido para cada usuário. Então, podemos recomendar

An item group denoted by M_i is a set of items, as following:

$M_i = \{I_1^{xi,1}, I_2^{xi,2} \ldots In^{xi,n}\}$

Where n is the number of items in Mi, I_l is an item, and $x_{i,l}$ is the membership of item I_l in Mi. A user group P_i corresponding to an item group Mi shows "users who like the items in Mi." Users may have different interest degrees in different Pi.

$P_i = \{N_1^{yi,1}, N_2^{yi,2} \ldots N_m^{yi,m}\}$

Where m is the number of users in the group Pi, N x is a user, and y i , x is the interest degree of user N x in user group Pi. For the reason that users have different interest degrees in different user groups, a user is represented by a user interest vector defined below:

$N_j = (y_{1,j}, y_{2,j}, \ldots, y_{n,j})$

Where n is number of user groups and $y_{i,j}$ is the interest degree of user N_j in user group N_i..

Thus, for all users, a user interest matrix can be obtained. A user interest matrix, denoted by Q_T, is a matrix with i^{th} row being user interest vector of user N_i:

$$Q_T = \begin{pmatrix} \overrightarrow{N1} \\ \ldots \\ \overrightarrow{Nm} \end{pmatrix} = \begin{pmatrix} y_{1,1}, y_{2,1}, \ldots, y_{n,1} \\ \ldots \\ y_{1,m}, y_{2,m}, \ldots, y_{n,m} \end{pmatrix}$$

Where m stands for number of users, n for number of user groups and $\overrightarrow{Ni}$ is the user interest vector of user N_j. Users has different interest degrees in different user groups. For each item group we can define its related user group. Given a set $M=\{M_1, M_2, \ldots, M_h\}$ of items and set $P=\{P_1, P_2, \ldots, P_m\}$ of users, set $R=\{r_1, r_2, \ldots, r_n\}$ of item groups

item a um usuário ativo com base no gênero do filme e nas classificações dos "vizinhos" desse usuário. Selecionar "vizinhos" de usuários medindo a semelhança dos usuários com base em seus graus de interesse é uma característica bem definida, que distingue nossa abordagem das abordagens anteriores de filtragem colaborativa.

Tabela 3.1 Um Exemplo de Matriz de Interesse do Usuário

	P_1	P_2	P_3	P_4	P_5	P_6
N_1	0.84	0.72	0.90	0.15	0.34	0.25
N_2	0.37	0.24	0.41	0.92	0.88	0.97
	...	...	...	...	...	...
N_k	0.81	0.76	0.87	0.18	0.31	0.28
	...	...	...	...	...	...
N_m	0.44	0.25	0.38	0.93	0.91	0.95

A Tabela 3.1 mostra um exemplo de matriz de interesse do usuário. Usuários N1 e N_k são usuários similares, pois ambos possuem grau de interesse semelhante em todos os grupos de usuários P1 a P6. Similarmente N2 é similar a Nm. Nos métodos tradicionais de filtragem colaborativa, a similaridade depende dos itens co classificados pelos usuários. A tabela 3.2 mostra exemplo de matriz de classificação do usuário na filtragem colaborativa tradicional.

	I_1	I_2		I_k		I_m
N_1	4	?		3		5
N_2	?	?		4		4
	...	...	...	...	...	...
N_k	2	5		?		3
	...	...	...	...	...	...
N_m	4	5		2		?

Tabela 3.2 Matriz de Classificação do Usuário na Filtragem Colaborativa Tradicional

3.4.1 Item Medição de juros

Como mencionado acima, o interesse de um item em um conceito depende da tendência central do item para o protótipo (propriedade) do conceito. Em outras palavras, se um item é mais parecido com a propriedade de um grupo, ele tem maior grau de interesse no grupo. Os itens podem ser representados por um conjunto de propriedades. Por exemplo, gênero, ator, diretor, produtores, etc. Para cada grupo de itens, a propriedade pode ser extraída para representar o grupo de itens. Todos os outros itens com a mesma propriedade podem ser adicionados a esse grupo. O vetor de propriedade pode ser representado da seguinte forma:

$$\vec{p}_{Kj} = (P_{Kj,1}, P_{Kj,2}, \ldots, P_{Kj,m})$$

Where m represents number of properties of item group K_j. Interest of item I_y in an item group K_j, denoted by $W_{j,y}$, depends on the similarity between item I_y and the property of K_j, i.e. ,

$$W_{j,y} = \text{Similarity}(\vec{p}_{Kj}, \vec{p}_{Iy}) \qquad \ldots\ldots\ldots\ldots(1)$$

Onde "p $_{Kj}$ é o vetor de propriedade e "p $_{iy}$ é o vetor de propriedade do item, e Similaridade é a função de semelhança cosseno. Um grupo de itens é considerado como um conjunto difuso e é representado por um conjunto de itens semelhantes, portanto o grau de interesse do item em um grupo de itens depende do valor de similaridade obtido a partir da equação (1). O grau de interesse de um item em um grupo de itens é afetado pelos graus de similaridade interna e dissimilaridade externa. A similaridade do item e a propriedade do grupo de itens representam a similaridade interna. Dissimilaridade externa é a similaridade do item e propriedades de outros grupos de itens.

3.4.2 Medição do interesse do utilizador

Os sistemas de recomendação existentes têm conjuntos de dados, que contêm pouca informação relacionada com os interesses dos utilizadores e as classificações dadas pelos utilizadores nos itens são utilizadas para descrever os interesses dos utilizadores. O grupo de usuários representa os usuários que gostam dos itens do grupo de itens correspondente. Para esta categoria do item e a classificação dada pelo usuário a cada item são considerados para calcular os interesses do usuário em determinado grupo de itens.

3.4.3 Mapeamento entre usuários

Categoria de item e classificações dadas pelo usuário são utilizadas para a abordagem de co clustering. Para este efeito, é utilizado o método Nearest Neighbourhood. Este método contém parâmetros como (n, ms, data).n representa o tamanho da vizinhança, ou seja, o número de usuários no modelo de dados. ms denota uma similaridade mínima necessária para vizinhos e os dados representam o modelo de dados genéricos de preferência booleana que é usado para criar um novo modelo de dados genéricos a partir de determinados usuários e suas preferências.

Map<String, Integer> map1 = user Genre (uid1) .... (1)

Map<String, Integer> map2 = user Genre (uid2) .... (2)

O mapeamento é feito de acordo com o gênero do item. Este processo de mapeamento é usado para

Map<Integer, Integer> map3 = user Rating (uid1) .... (3)

Map<Integer, Integer> map4 = user Rating (uid2) .... (4)

obter todos os gêneros para um único usuário. O mesmo mapeamento é aplicado para outro usuário.

A identificação do item e as classificações dadas pelo usuário são usadas para o co cluster. Os resultados obtidos a partir das equações acima são passados para a semelhança co-seno para o cálculo da semelhança entre usuários.

- Semelhança Cosine Baseada em Cosseno

Na filtragem colaborativa baseada no interesse, o usuário é representado pelo vetor de interesse do

$$\text{Similarity} = \cos(\theta) = \frac{\sum_{i=1}^{n} X_i \times Y_i}{\sqrt{\sum_{i=1}^{n}(X_i)^2} \times \sqrt{\sum_{i=1}^{n}(Y_i)^2}}$$

usuário. A semelhança entre os usuários Xi e Yi é calculada pelo cálculo do cosseno do ângulo entre eles.

Tabela 3.3 Mapeamento de usuários por gênero (Categoria) de Filmes e Classificações

Input Parameters	**Value**
Genre(Category)	Action, Adventure, Animation, Comedy, Crime, Drama, Family, Fantasy, Horror, History, Musical, Romance, Sci-Fi, Sports, Thriller, War.
Rating	1 to 10

3.4.4 Recomendações

Após a obtenção da semelhança entre os usuários, o usuário recomendador genérico baseado na preferência Booleana é usado para obter recomendações. Este recomendador usa valores de mapeamento entre grupo de usuários e grupo de itens e valor de vizinhança obtidos a partir da fórmula de similaridade.

3.5 SÍNTESE

Neste capítulo, a recomendação de filtragem colaborativa é apresentada com uma nova abordagem e o método de recomendação de filtragem colaborativa baseada em juros é implementado. Neste método, um usuário será representado por um vetor de interesse do usuário que pode indicar a preferência do usuário em cada tipo de item. Uma característica distinta deste método é que ele seleciona "vizinhos" de usuários medindo a similaridade dos usuários com base em seus graus de interesse, ao invés de itens classificados pelos usuários. Tal recurso pode superar várias limitações dos métodos tradicionais de filtragem colaborativa.

CAPÍTULO-4
DESENHO DE DETALHES

4.1 INTRODUÇÃO GERAL

A fim de executar o projeto eficazmente, todo o sistema precisa de certos componentes de hardware ou outros recursos de software para estar presente em um computador. Estes pré-requisitos são conhecidos como requisitos do sistema e são muitas vezes usados como uma diretriz. Geralmente dois conjuntos de requisitos de sistema estão presentes. O primeiro é o requisito de hardware que é o conjunto mais comum de requisitos definidos por qualquer sistema operacional ou aplicativo de software. Por exemplo, recursos físicos do computador.

4.2 NECESSIDADES DE HARDWARE

Sistema : Intel(R) Core(TM)2 Duo

Disco Rígido : 500 GB

RAM : 2 GB

Monitor : 15,6".

4.3 REQUISITOS DE SOFTWARE

Os requisitos de software tratam da definição dos requisitos e pré-requisitos de recursos de software que precisam ser instalados em um computador para proporcionar o funcionamento ideal de uma aplicação. Esses requisitos ou pré-requisitos geralmente não estão incluídos no pacote de instalação do software e precisam ser instalados separadamente antes que o software seja instalado.

4.3.1 Apache Mahout

Apache Mahout é um novo projeto de código aberto da Apache Software Foundation (ASF) com o objetivo principal de criar algoritmos escaláveis de aprendizado de máquina que são livres para uso sob a licença Apache. O projeto está entrando em seu segundo ano, com um lançamento público sob sua correia. Mahout contém implementações para clustering, categorização, CF, e programação evolutiva. Além disso, onde prudente, ele usa a biblioteca Apache Hadoop para habilitar Mahout a escalar efetivamente na nuvem.

O projecto Mahout foi iniciado por várias pessoas envolvidas na comunidade Apache Lucene (pesquisa open source) com um interesse activo na aprendizagem de máquinas e um desejo por implementações robustas, bem documentadas e escaláveis de algoritmos comuns de aprendizagem de máquinas para clustering e categorização. A comunidade foi inicialmente orientada pelo documento de Ng et al. "Map-Reduce for Machine Learning on Multi core", mas desde então tem evoluído para cobrir abordagens muito mais amplas de Machine-Learning. Mahout também tem como objetivo:

- Construir e apoiar uma comunidade de usuários e contribuintes de tal forma que o código sobreviva ao envolvimento de qualquer contribuinte em particular ou ao financiamento de qualquer empresa ou universidade em particular.
- Foco no mundo real, casos de uso prático em oposição à pesquisa de sangramento de ponta ou técnicas não comprovadas.
- Fornecer documentação e exemplos de qualidade.

4.3.2 Características

Embora relativamente jovem em termos de código aberto, Mahout já tem uma grande quantidade de funcionalidades, especialmente em relação ao clustering e CF. As principais funcionalidades de Mahout são:

- Saboreie CF. Taste CF é um projeto open source para a CF iniciado por Sean Owen na Source Forge e doado à Mahout em 2008.
- Várias implementações de mapas de redução de agrupamento, incluindo k-Means, fuzzy k-Means, Canopy, Dirichlet, e Mean-Shift.
- Implementações distribuídas da classificação Naive Bayes e Complementar Naive Bayes.
- Capacidades distribuídas da função fitness para programação evolutiva.
- Bibliotecas matriciais e vetoriais.

Map-Reduce é uma API de programação distribuída, pioneira do Google e implementada no projeto Apache Hadoop. Combinado com um sistema de arquivo distribuído, muitas vezes facilita a paralelização de problemas ao dar aos programadores uma API bem definida para descrever tarefas de computação paralela.

4.3.3 Construindo um Motor de Recomendação

A Mahout fornece actualmente ferramentas para construir um motor de recomendação através da biblioteca Taste - um motor rápido e flexível para CF. Taste suporta tanto recomendações baseadas no usuário quanto em itens e vem com muitas opções para fazer recomendações, assim como interfaces para você definir as suas próprias recomendações. Taste consiste em cinco componentes principais que funcionam com Usuários, Itens e Preferências

- Modelo de Dados: Armazenamento para Usuários, Itens e Preferências
- Similaridade do usuário: Interface que define a similaridade entre dois usuários
- Similaridade do item: Interface que define a similaridade entre dois itens
- Recomendar: Interface para fornecer recomendações
- Bairro de Usuários: Interface para computar um bairro de usuários similares que pode então ser

usado pelos Recomendeiros.

Estes componentes e suas implementações tornam possível a construção de sistemas complexos de recomendação para recomendações baseadas em tempo real ou recomendações offline. As recomendações baseadas em tempo real muitas vezes podem lidar com apenas alguns milhares de usuários, enquanto as recomendações offline podem escalar muito mais alto. O Taste vem até com ferramentas para alavancar o Hadoop para calcular recomendações offline. Em muitos casos, esta é uma abordagem razoável que permite atender às demandas de um grande sistema com muitos usuários, itens e preferências.

4.3.4 Aglomeração com Mahout

A Mahout suporta várias implementações de clustering-algorithm, todas escritas no MapReduce, cada uma com o seu próprio conjunto de objectivos e critérios:

- Canopy: Um algoritmo de agrupamento rápido frequentemente utilizado para criar sementes iniciais para outros algoritmos de agrupamento.
- K-Means (e fuzzy k-Means): Clusters itens em k clusters com base na distância que os itens estão do centróide, ou centro, da iteração anterior.
- Desvio-Médios: Algoritmo que não requer qualquer conhecimento a priori sobre o número de clusters e pode produzir clusters de forma arbitrária.
- Dirichlet: Aglomerados baseados na mistura de muitos modelos probabilísticos dando-lhe a vantagem de não precisar de se comprometer com uma visão particular dos aglomerados prematuramente. De um ponto de vista prático, os nomes e implementações não são tão importantes quanto os resultados que produzem.

  As etapas envolvidas no agrupamento de dados usando Mahout são:

- Prepare a entrada. Se agrupar o texto, você precisa converter o texto para uma representação numérica.
- Execute o algoritmo de clustering de escolha usando um dos muitos programas de drivers prontos para Hadoop disponíveis em Mahout.
- Avalie os resultados.
- Iterar, se necessário.

Antes de mais nada, os algoritmos de agrupamento requerem dados em um formato adequado para o processamento. Na aprendizagem de máquinas, os dados são frequentemente representados como um vector, por vezes chamado de vector de características. No clustering, um vector é um conjunto de pesos que representam os dados. Vou demonstrar o agrupamento usando vetores produzidos a partir de documentos da Wikipedia, mas os vetores podem vir de outras áreas, tais como dados de sensores ou perfis de usuários. Mahout vem com duas representações vectoriais: Dense Vector e Sparse

Vector. Dependendo dos seus dados, você precisará escolher uma implementação apropriada a fim de ganhar bom desempenho. De modo geral, os problemas baseados em texto são escassos, fazendo do Sparse Vector a escolha correta para eles. Por outro lado, se a maioria dos valores para a maioria dos vetores não são zero, então um Dense Vector é mais apropriado. Se você não tiver certeza, tente os dois e veja qual deles funciona mais rápido em um subconjunto de seus dados.

4.3.5 Recomendado pelo usuário no Apache Mahout

Um motor de filtragem colaborativa baseado em Mahout- toma as preferências dos usuários por itens ("gostos") e retorna as preferências estimadas para outros itens. Por exemplo, um site que vende livros ou CDs poderia facilmente usar Mahout para descobrir, a partir de dados de compras anteriores, quais CDs um cliente poderia estar interessado em ouvir. Mahout fornece um rico conjunto de componentes a partir dos quais você pode construir um sistema de recomendação personalizado a partir de uma seleção de algoritmos. Mahout foi projetado para ser pronto para a empresa; ele foi projetado para desempenho, escalabilidade e flexibilidade.

Os pacotes de nível superior definem as interfaces Mahout para estas abstrações chave:

- DataModel
- Similaridade do usuário
- ItemSimilaridade
- Vizinhança do usuário
- Recomende

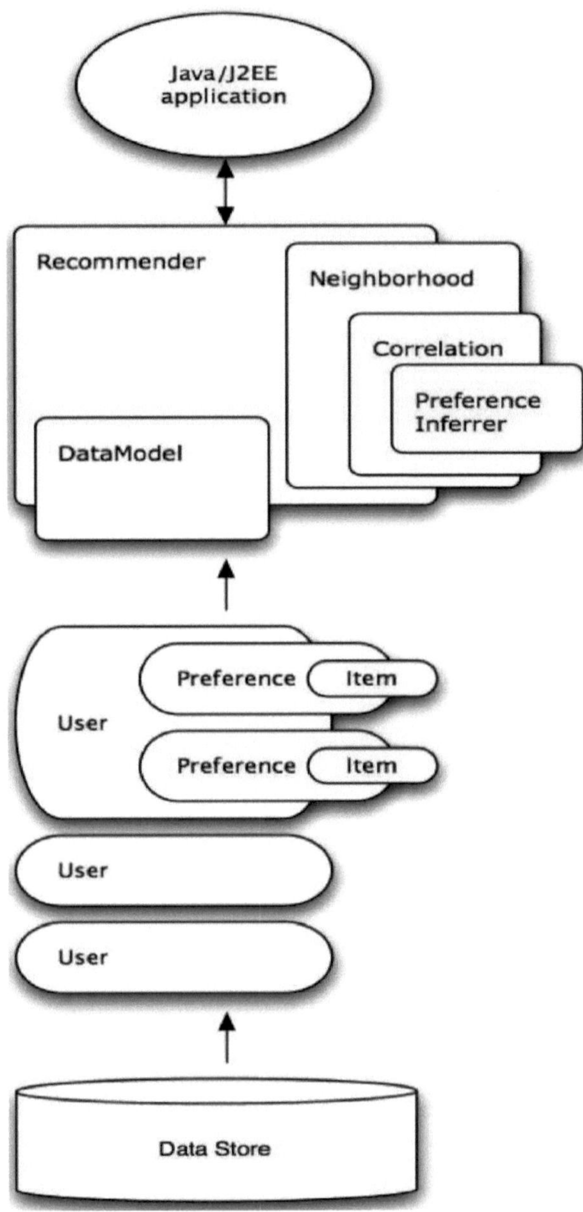

Fig 4.1 Arquitetura do Motor de Filtragem Colaborativa

Este diagrama mostra a relação entre vários componentes Mahout em um recomendador baseado no usuário. Um sistema de recomendação baseado em itens é semelhante, exceto que não há algoritmos de vizinhança envolvidos.

- **Recomende**

Uma recomendação é a abstracção principal em Mahout. Dado um Modelo de Dados, ele pode produzir recomendações. Os aplicativos provavelmente usarão Recomendações Genéricas Baseadas em Usuários ou Recomendações Genéricas Baseadas em Itens, possivelmente decoradas por Caching Recommender.

- **Modelo de Dados**

Um Modelo de Dados é a interface para informações sobre as preferências do usuário. Uma implementação pode extrair esses dados de qualquer fonte, mas uma base de dados é a fonte mais provável. Não se esqueça de embrulhar isto com um ReloadFromJDBCDataModel para obter um bom desempenho! A Mahout fornece o MySQLJDBCDataModel, por exemplo, para acessar dados de preferência de um banco de dados via JDBC e MySQL. Outro existe para o PostgreSQL. A Mahout também fornece um FileDataModel, que é ótimo para pequenas aplicações.

- Os usuários e itens são identificados unicamente por um valor de identificação na estrutura. Além disso, este valor de ID deve ser numérico; é um tipo longo Java através das APIs. Um objeto PreferenceArray ou objeto PreferenceArray encapsula a relação entre usuário e itens preferidos (ou itens e usuários que os preferem).
- Finalmente, Mahout suporta, de várias formas, o chamado modelo de dados "booleano", no qual os usuários não expressam preferências de diferentes pontos fortes por itens, mas simplesmente expressam uma associação ou nenhuma. Por exemplo, enquanto os usuários podem expressar uma preferência de 1 a 5 no contexto de um site de recomendação de filmes, pode não haver noção de um valor de preferência entre usuários e páginas no contexto de recomendar páginas em um site: há apenas uma noção de associação, ou nenhuma, entre um usuário e páginas que foram visitadas.

- **Similaridade do usuário**

Um UserSimilarity define uma noção de similaridade entre dois usuários. Esta é uma parte crucial de um motor de recomendação. Estes estão ligados a uma implementação de vizinhança. Similaridade de itens é análoga, mas encontra similaridade entre os itens.

-• **Bairro do Usuário**

Em um recomendador baseado no usuário, as recomendações são produzidas encontrando uma "vizinhança" de usuários similares perto de um determinado usuário. Um UserNeighborhood define um meio de determinar essa vizinhança, por exemplo, os 10 usuários mais próximos. As implementações tipicamente precisam de um UserSimilarity para operar.

- Desempenho em tempo de execução

Quanto mais dados você der, melhor. Embora Mahout tenha sido projetado para o desempenho, você sem dúvida terá problemas de desempenho em algum momento. Para melhores resultados, considere o uso das seguintes bandeiras de linha de comando para o seu servidor JVM:-server: Habilita a VM do servidor, que geralmente é apropriada para aplicações de longa duração e de computação intensiva. - Xms1024m -Xmx1024m: Torne a pilha o maior possível -- um gigabyte não machuca quando se lida com dezenas de milhões de preferências. Os recomendadores Mahout geralmente usam tanta memória quanto você a dá para o cache, o que ajuda na performance. Defina o tamanho inicial e máximo para o mesmo valor para evitar perda de tempo no crescimento do heap, e para evitar que a JVM execute pequenas coleções para evitar o crescimento do heap, o que limpará os valores do cache.-da -dsa: Desactivar todas as afirmações. -XX: NewRatio=9: Aumentar o heap alocado para objetos 'antigos', que é a maioria deles neste framework - XX:+UseParallelGC - XX:+UseParallelOldGC (somente máquinas multi-processadoras): Use um algoritmo GC projetado para tirar proveito de múltiplos processadores, e projetado para rendimento. Este é um padrão no J2SE 5.0.

4.4 FLUXOGRAMAS DE DADOS

Um diagrama de fluxo de dados (DFD) é uma representação gráfica do "fluxo" de dados através de um sistema de informação, modelando seus aspectos de processo. Um DFD é frequentemente usado como uma etapa preliminar para criar uma visão geral do sistema, que pode ser posteriormente elaborada. Uma DFD também pode ser usada para a visualização do processamento de dados (design estruturado). Uma DFD mostra que tipo de informação será entrada e saída do sistema, de onde os dados virão e para onde irão, e onde os dados serão armazenados. A DFD não mostra informação sobre o tempo dos processos, ou informação sobre se os processos irão operar em sequência ou em paralelo.

É prática comum desenhar primeiro o diagrama de fluxo de dados em nível de contexto, que mostra a interação entre o sistema e os agentes externos que atuam como fontes de dados e dissipadores de dados. Isto ajuda a criar um desenho preciso no diagrama de contexto.

- **DFD Nível 0** a) O nível 0 representa o fluxo básico dos dados.

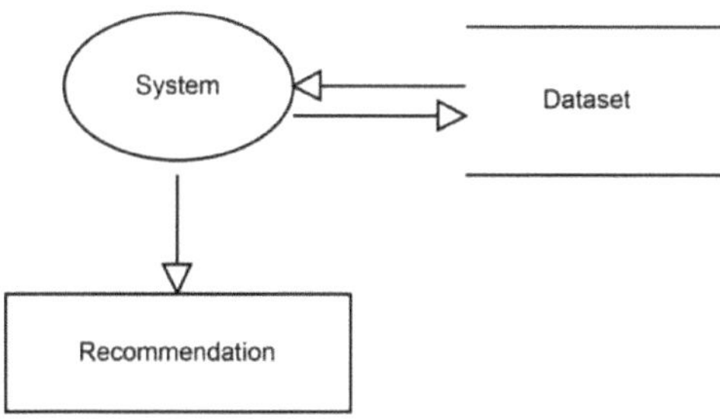

Fig. 4.2 DFD Nível 0

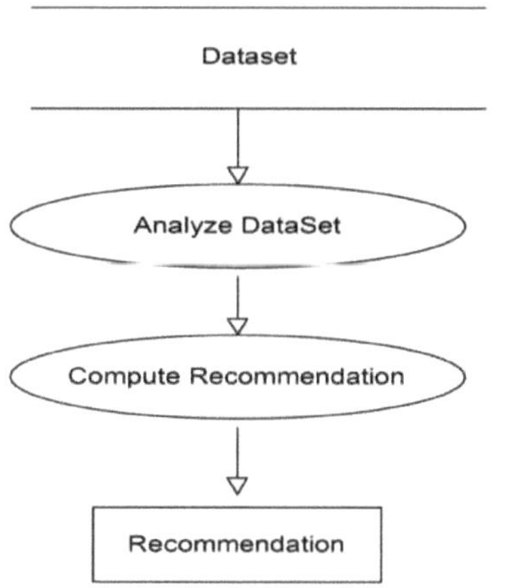

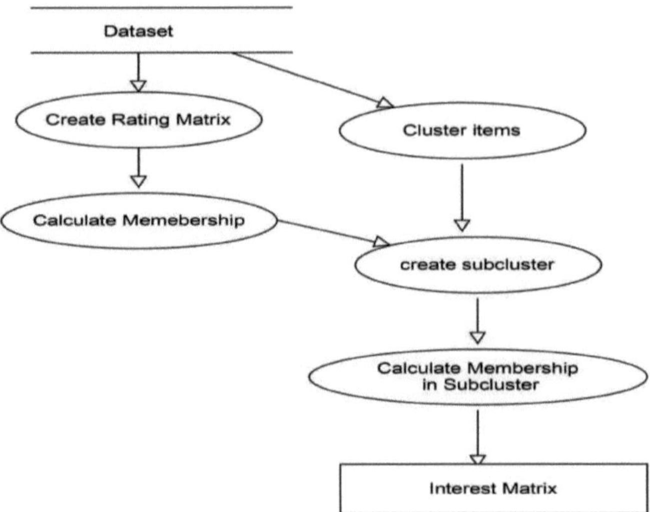

Fig 4.4 DFD Nível 2A

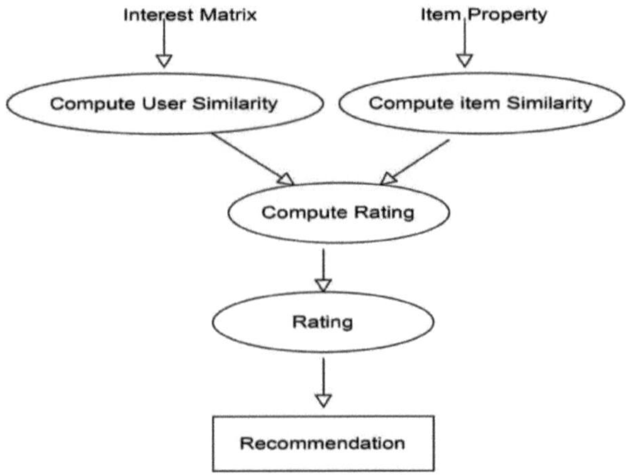

Um diagrama de caso de uso na sua forma mais simples é uma representação da interação de um usuário com o sistema e retrata as especificações de um caso de uso. Um diagrama de caso de uso pode retratar os diferentes tipos de usuários de um sistema e as várias maneiras que eles interagem com o sistema. Este tipo de diagrama é tipicamente usado em conjunto com o caso de uso textual e será frequentemente acompanhado por outros tipos de diagramas também. O caso de uso é composto por um conjunto de possíveis seqüências de interações entre sistemas e usuários em um determinado ambiente e relacionado a um determinado objetivo. É composto por um grupo de elementos que podem ser utilizados em conjunto de uma forma que terá um efeito maior do que a soma dos elementos separados combinados. O caso de uso deve conter todas as atividades do sistema que tenham significado para os usuários.

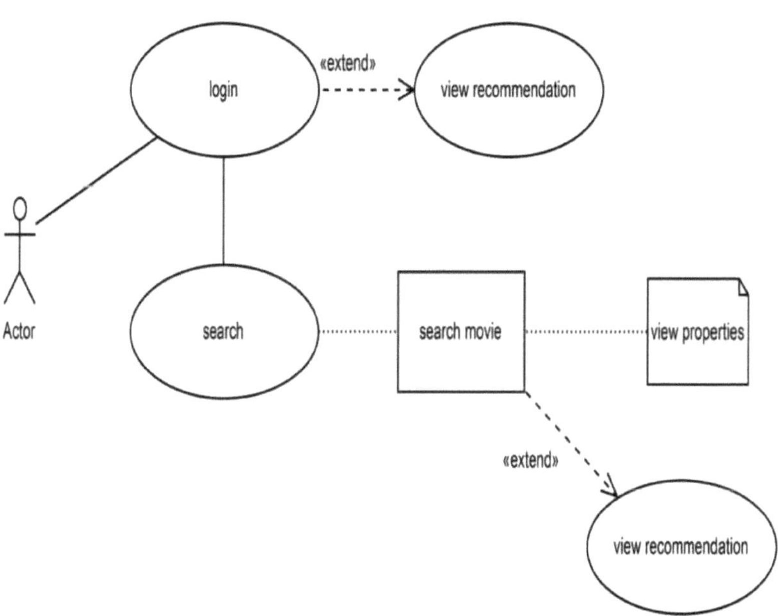

Na engenharia de software, um diagrama de classes na Unified Modelling Language (UML) é um tipo de diagrama de estrutura estática que descreve a estrutura de um sistema mostrando as classes do sistema, seus atributos, operações (ou métodos) e as relações entre objetos. O diagrama de classes é o principal bloco de construção da modelagem orientada a objetos. Os diagramas de classes também podem ser usados para modelagem de dados. As classes em um diagrama de classes representam tanto os objetos principais, interações na aplicação, quanto as classes a serem programadas. As classes são representadas com caixas que contêm três partes. A parte superior contém o nome da classe. Está impressa em negrito, centralizada e com a primeira letra maiúscula. A parte do meio contém os atributos da classe. São alinhados à esquerda e a primeira letra é minúscula.

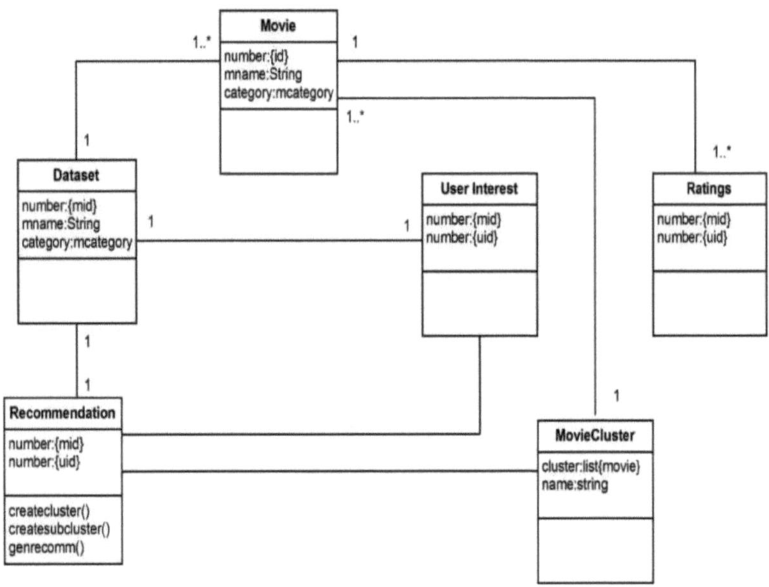

4.7 DIAGRAMA DE SEQÜÊNCIA

Um diagrama de seqüência é um diagrama de interação que mostra como os processos operam uns com os outros e em que ordem. É uma construção de um diagrama de seqüências de mensagens. Um diagrama de seqüências mostra as interações entre objetos organizados em seqüência temporal. Ele representa os objetos e classes envolvidos no cenário e a seqüência de mensagens trocadas entre os objetos necessários para realizar a funcionalidade do cenário. Os diagramas de seqüência são normalmente associados às realizações de casos de uso na Visão lógica do sistema em desenvolvimento. Os diagramas de seqüência são às vezes chamados de diagramas de eventos ou cenários de eventos. Um diagrama de seqüência mostra, como linhas verticais paralelas, diferentes processos ou objetos que vivem simultaneamente e, como setas horizontais, as mensagens trocadas entre eles, na ordem em que ocorrem. Isto permite a especificação de cenários simples em tempo de execução de uma forma gráfica.

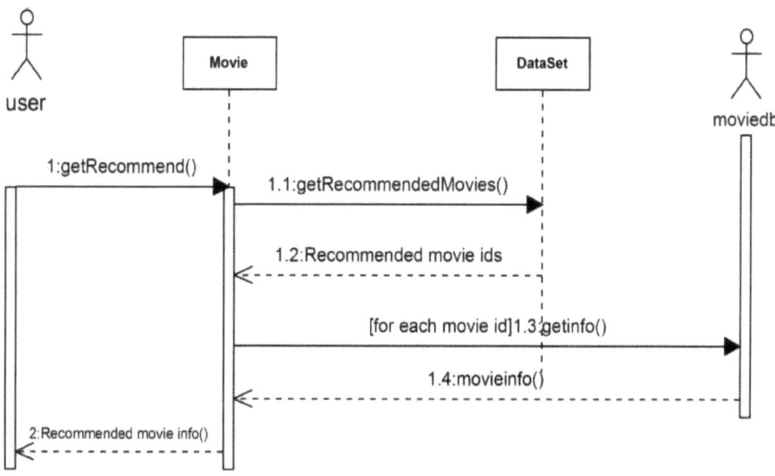

Fig 4.8 Diagrama de Sequência

4.8 DIAGRAMA DE COMPONENTES

Um componente é algo necessário para executar uma função estereotipada. Exemplos de estereótipos em componentes incluem executáveis, documentos, tabelas de banco de dados, arquivos e arquivos de biblioteca. Os componentes são conectados por meio de um conector de montagem para conectar a interface necessária de um componente com a interface fornecida de outro componente. Isso ilustra a relação entre os dois componentes e o provedor de serviços ao consumidor. Um conector de montagem é um "conector entre dois componentes que define que um componente fornece os serviços que outro componente requer". Um conector de montagem é um conector que é definido a partir de uma interface ou porta necessária para uma interface ou porta fornecida".

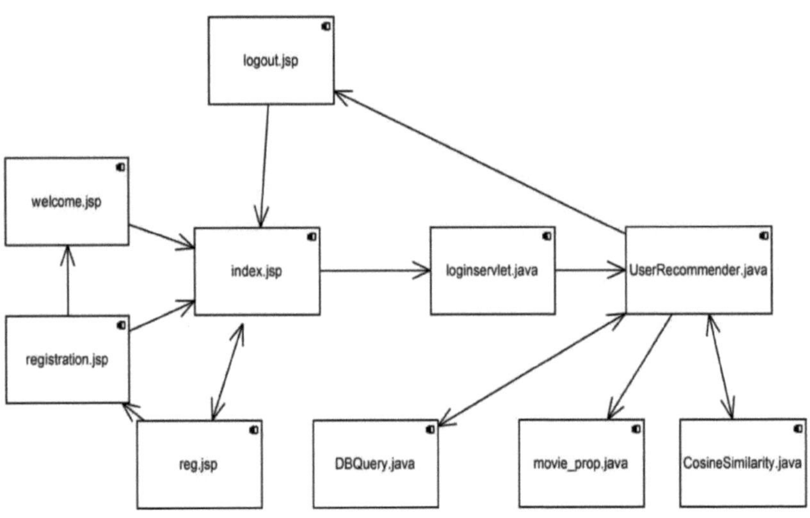

Fig 4.9 Diagrama de componentes

4.9 DIAGRAMA DE ATIVIDADES

Os diagramas de atividades são representações gráficas de fluxos de trabalho de atividades e ações em etapas com suporte para escolha, iteração e simultaneidade. Na Linguagem Unificada de Modelagem, os diagramas de atividades destinam-se a modelar tanto os processos computacionais quanto os organizacionais (isto é, fluxos de trabalho). Os diagramas de atividades mostram o fluxo geral de controle. As setas correm do início ao fim e representam a ordem em que as atividades acontecem. Os diagramas de atividades podem ser considerados como uma forma de fluxograma.

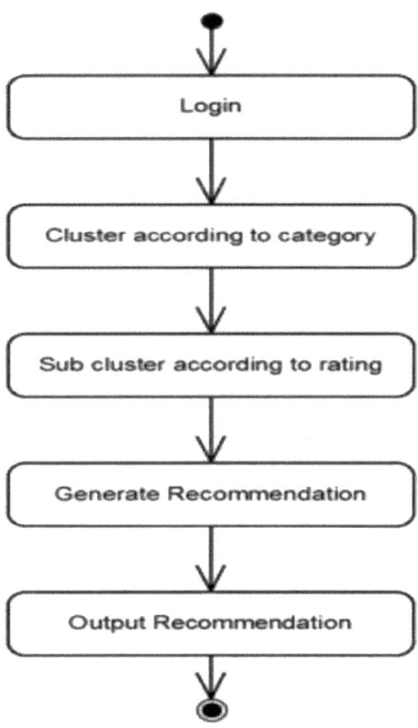

Fig 4.10 Diagrama de Atividades

Na engenharia de software, um modelo de relação entidade-relacionamento (modelo ER) é um modelo de dados para descrever os dados ou aspectos de informação de um domínio de negócio ou seus requisitos de processo, de uma forma abstrata que se presta a ser finalmente implementado em uma base de dados como uma base de dados relacional. Os principais componentes dos modelos ER são entidades (coisas) e as relações que podem existir entre elas.

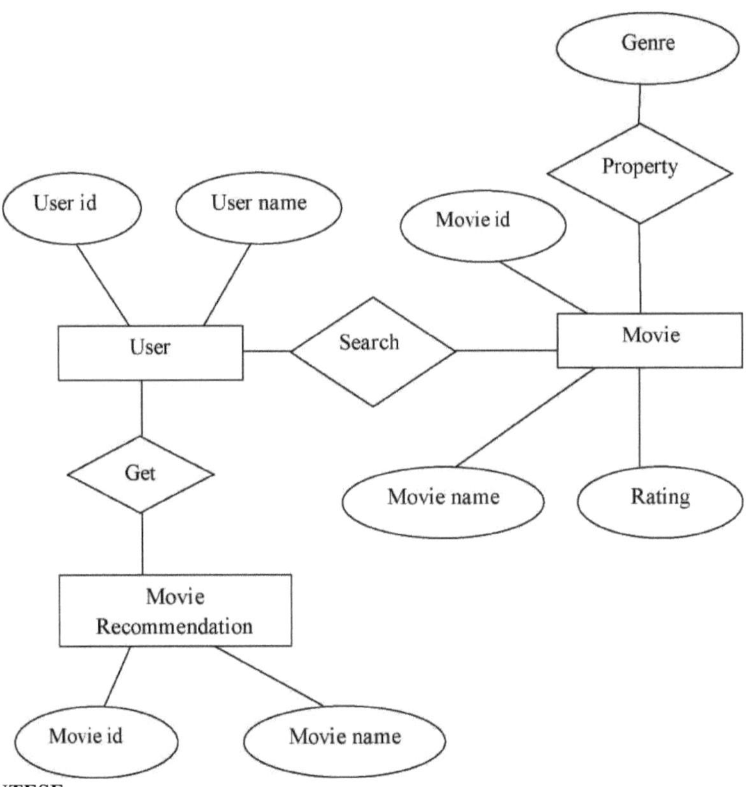

4.11 SÍNTESE

Em resumo, este capítulo afirma que existem dois requisitos principais que são necessários para executar o programa de forma eficaz. Estes são Requisitos de Software e Requisitos de Hardware. Os Requisitos de Hardware são um sistema bem configurado. Requerimento de Software é Net beans IDE para executar o programa java.

CAPÍTULO-5 DETALHES DA IMPLEMENTAÇÃO

5.1 INTRODUÇÃO

Este capítulo descreve o design da GUI e alguns módulos importantes no projeto do sistema de recomendações. A primeira parte mostra o Módulo de Login e na segunda seção de codificação. A linguagem Java é usada como uma linguagem de programação e o Net beans IDE é usado para desenvolver este projeto.

5.2 MÓDULO DE LOGIN

Na página de login, o usuário entrará com seu nome de usuário e senha. Após o login bem sucedido, o usuário receberá as recomendações para os filmes nos quais ele possa estar interessado.

Fig 5.1 Desenho GUI do Formulário de Login

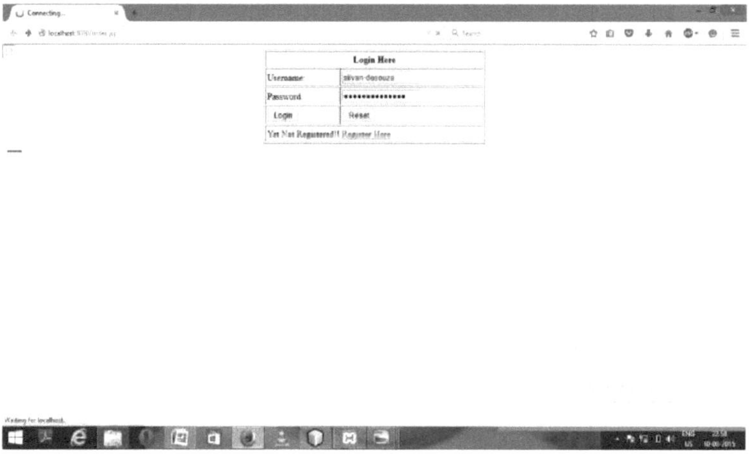

5.3 IMPLEMENTAÇÃO

As cinco partes principais foram mostradas nesta seção, que inclui agrupamento por gênero (categoria), subagrupamento de acordo com classificações, mapeamento de usuários similares, recomendação de itens (filmes) aos usuários, geração de propriedades dos filmes.

- **Agrupamento de acordo com o gênero (categoria)**

Com base no interesse baseado na filtragem colaborativa de vizinhos do usuário pode ser encontrado com base no interesse do usuário em grupos de usuários. Se considerarmos um sistema de recomendação de filtragem colaborativa com conjunto de itens e de usuários, os itens podem ser agrupados em vários grupos de itens. Por exemplo, os filmes podem ser agrupados de acordo com seu gênero como comédia, ação, drama e assim por diante. Usuários com interesse semelhante em um grupo de itens podem formar seu grupo como um grupo de usuários.

- **Subagrupamento de acordo com as classificações**

Os usuários têm diferentes graus de interesse em diferentes grupos de usuários. Para cada grupo de itens podemos definir seu grupo de usuários relacionado. Para cada grupo de itens pode haver um grupo de usuários correspondente. Então, um vetor de interesse de usuário pode ser construído para cada usuário, a partir do qual se pode obter a matriz de cabina de usuário -interesse. Depois de obter a semelhança dos usuários com base em seus graus de interesse em grupos de usuários, pode-se obter um conjunto de "vizinhos" para cada usuário. Em seguida, podemos recomendar um item a um usuário ativo com base no gênero do filme e nas classificações por "vizinhos" desse usuário. Selecionar "vizinhos" de usuários medindo a semelhança dos usuários com base em seus graus de interesse é uma característica bem definida, que distingue nossa abordagem das abordagens anteriores de filtragem colaborativa.

- **Mapeamento de usuários similares**

Categoria de item e classificações dadas pelo usuário são utilizadas para a abordagem de co clustering. Para este fim é utilizado o método de Bairro mais Próximo. Este método contém parâmetros como (n, ms, data).n representa o tamanho do bairro, ou seja, o número de usuários no modelo de dados. ms denota similaridade mínima necessária para vizinhos e os dados representam o modelo de dados genéricos de preferência booleana, que é usado para criar um novo modelo de dados genéricos a partir dos usuários e suas preferências.

- **Itens recomendados (filmes) aos usuários**

Na filtragem colaborativa baseada no interesse, o usuário é representado pelo vetor de interesse do usuário. A semelhança entre usuários é calculada pelo cálculo do cosseno do ângulo entre eles. Após a obtenção da semelhança entre usuários, o usuário genérico baseado na preferência Booleana é usado para obter recomendações. Este recomendador usa valores de mapeamento entre grupo de usuários e grupo de itens e valor de vizinhança obtidos a partir da fórmula de similaridade.

- Geração de Propriedades de Filmes

Propriedades de filmes como ator, diretor, produtor, música, gênero, etc. serão exibidos ao usuário. Para obter este resultado são usados os valores das propriedades da tabela de propriedades dos filmes.

5.2.1 Agrupamento de acordo com o gênero (Categoria)

```
public class DBQuery

{  List<Genre> genre = new ArrayList<>();

   List<MID> mid = new ArrayList<>();

   List<Long>uids=new ArrayList<>();

     public List<Genre> getGenre(String _mid) throws Exception

 {   Connection con = ConnectionPool.getConnection();

      String gen;

      String query = "Select value from movieprops where prop='genreid' and mid='" +
_mid + "'"; // mid comes from Session

      PreparedStatement ps = con.prepareStatement(query);

      ResultSet rs = ps.executeQuery();

      while (rs.next())

      {gen = rs.getString(1);

         Genre g = new Genre();

         g.setGen(gen);

         genre.add(g); //list of genre

      }

      return genre;
```

```
public List<MID> getMidByGenre(String _gen) throws Exception
{
    Connection con = ConnectionPool.getConnection();
    String mid1;
    String query = "Select mid from movieprops where value='" + _gen + "'";  //get cluster by it's genre gen comes from above method
    PreparedStatement ps = con.prepareStatement(query);
    ResultSet rs = ps.executeQuery();
    while (rs.next())
    {
        mid1 = rs.getString(1);
        MID m = new MID();
        m.setMid(mid1);
        mid.add(m);
        if (mid.size() >= 1000)
        {
            break;// list of MID
        }
    }   rs.close();   con.close();
    return mid;
}
```

```
// get all genre for single user

static public Map<String, Integer> userGenre(long uid) throws Exception

{

  Connection con = ConnectionPool.getConnection();

   String gen;

   int count;

   String query = "select distinct c.value, count(*) from user a, userate b, movieprops c where c.prop='genreid' AND b.uid=a.uid AND b.mid=c.mid AND a.uid=" + uid + " group by c.value";

   PreparedStatement ps = con.prepareStatement(query);

   ResultSet rs = ps.executeQuery();

   Map<String, Integer> m = new HashMap<>();

   while (rs.next())

   {

      gen = rs.getString(1);

      count = rs.getInt(2);

         m.put(gen, count);

   }

   rs.close();

   con.close();

   return m;

}
```

5.2.2 Subagrupamento de acordo com as classificações

```
static public Map<Integer, Integer> userRating(long uid) throws Exception
  {
     Connection con = ConnectionPool.getConnection();
     int mid;
     int rat;
     String query = "select mid,rating from userate where uid="+uid; // movie id and
Rating of it co-cluster
     PreparedStatement ps = con.prepareStatement(query);
     ResultSet rs = ps.executeQuery();
     Map<Integer, Integer> m = new HashMap<>();
     while (rs.next())
     {
        mid= rs.getInt(1);
       rat = rs.getInt(2);
       m.put(mid, rat);
     }
     rs.close();
     con.close();
     return m;
  }
```

```
static public List<Long> getAllUids() throws Exception
{
   Connection con = ConnectionPool.getConnection();
   long uid;
    List<Long> uidscol = new ArrayList<>();
   String queryusr = "Select distinct(uid) from userate";
      PreparedStatement psusr = con.prepareStatement(queryusr);
      ResultSet rsusr = psusr.executeQuery();
      while (rsusr.next())
      {  uid = rsusr.getLong(1);
         uidscol.add(uid);
         if (uidscol.size() >= 1000)
         {
            break;
         }
      }
      rsusr.close();
      con.close();
      return uidscol;
               }
```

```
us = new UserSimilarity()

        {

            @Override

            public double userSimilarity(long uid1, long uid2) throws TasteException

            {

                try

                {

                    double usrgene,usrrat;

                    Map<String, Integer> map1 = userGenre(uid1);

                    Map<String, Integer> map2 = userGenre(uid2);


                    Map<Integer, Integer> map3 = DBQuery.userRating(uid1);

                    Map<Integer, Integer> map4 = DBQuery.userRating(uid2);

//                      System.out.println("Similarity "+CosineSimilarity.similarity(map1,
map2));

                    ////=========Co-Cluster on rating======////

                    usrgene=CosineSimilarity.similarity(map1, map2);

                    usrrat=CosineSimilarity.similarityr(map3, map4);
```

5.2.4 Itens recomendados (filmes) aos usuários

```
try
  {
    recoms2 = recom2.recommend(nusr, 10);
    long mid;
    for (int i = 0; i < 10; i++)
    {
      mid = recoms2.get(i).getItemID();
      //====
      Connection con=ConnectionPool.getConnection();
      String query = "Select name from movie where mid='" + mid + "'";
      PreparedStatement ps = con.prepareStatement(query);
      ResultSet rs = ps.executeQuery();
      while (rs.next())
      {
        name = rs.getString(1);
      }
      rs.close();
      con.close();
```

```
    String mid = request.getParameter("mid");
 session.setAttribute("movieid",Integer.parseInt(mid));
String abc = "select * from movieprops where mid=" + mid;
PreparedStatement ps = con.prepareStatement(abc);
ResultSet rs = ps.executeQuery();
Map<String, List<String>> props = new TreeMap<String, List<String>>();
while (rs.next())
{
  String prop = rs.getString("prop");
  String value = rs.getString("value");
  List<String> list = props.get(prop);
  if (list == null)
  {
    list = new ArrayList<String>();
    props.put(prop, list);
  }
  list.add(value);
}

rs.close();
}
```

```
<html>
  <head>
   <meta http-equiv="Content-Type" content="text/html; charset=UTF-8">
   <title>Search Result Page</title>
 </head>
 <body>
   <h1><%=moviename%></h1>
   Searched MOVIE properties:
   <table>
     <%for (Map.Entry<String, List<String>> e : props.entrySet())
       {%>
     <tr>
       <td style="vertical-align: top"><%=e.getKey()%></td>
       <td><%for (String val : e.getValue())
         {%>
         <%=val%><br/>
         <%}%></td>
     </tr>
   </table>
</body>
</html>
```

5.3 SÍNTESE

Este capítulo descreve o design da GUI e alguns módulos importantes no sistema de recomendações. Os principais módulos são o agrupamento de acordo com o gênero (categoria), subagrupamento de acordo com a classificação, mapeamento de usuários similares, recomendação de itens aos usuários e geração de propriedades dos itens.

CAPÍTULO-6 AVALIAÇÃO E RESULTADOS DO PERFORMANCE

6.1 INTRODUÇÃO GERAL

Qualquer sistema especializado depende principalmente de um extenso conjunto de dados. Para obter resultados confiáveis é importante que tenhamos um bom conjunto de dados. A maioria dos sistemas de recomendação de filmes depende de classificações dadas pelo usuário e não das propriedades dos filmes. Nosso sistema é baseado principalmente nas propriedades do filme. Por isso, foi importante para nós termos um conjunto de dados que terá toda a informação sobre as propriedades do filme. Para avaliar o nosso método de recomendação, é usado o conjunto de dados do filme. As propriedades dos filmes são extraídas da base de dados de filmes da internet (IMDB).

6.2 MÉTRICAS DE AVALIAÇÃO

Para medir a precisão estatística, é utilizada a métrica de cobertura. Ela mede a porcentagem de itens para os quais o sistema de recomendação pode fazer previsões. Como exemplo, se o sistema pode prever 7500 das 10000 classificações nos itens a serem previstos, a cobertura é de 0,75. Isso mostra que, quanto maior a cobertura, mais o método será capaz de prever as classificações em itens não classificados. Quanto maiores forem os valores de cobertura, melhor será o método de recomendação.

6.3 COMPARAÇÃO DE DESEMPENHO EM COBERTURA

Para uma filtragem colaborativa baseada em interesses, é utilizado o método de agrupamento baseado na vizinhança mais próxima. Usando este método são formados grupos de itens e grupos de usuários correspondentes. Este sistema é comparado com vários métodos de base clássicos, que incluem uma filtragem colaborativa baseada no usuário com Coeficiente de Correlação Pearson (UBCF), uma filtragem colaborativa baseada no item com Coeficiente de Correlação Pearson (IBCF) e um método de filtragem colaborativa baseada na tipicidade (Tyco). As previsões de recomendação são obtidas com base no conjunto de treinamento e teste, que são usados para avaliar a precisão da filtragem colaborativa baseada em interesse (InBCF). É usada uma variável chamada trem/taxa de teste, para indicar a porcentagem de dados usados como conjuntos de treinamento e teste. Como mencionado acima, a cobertura dá porcentagem de itens para os quais o sistema pode fazer previsões. Conforme a Fig. 4, a filtragem colaborativa baseada em juros (InBCF) pode obter a maior cobertura com todos os rácios de treinamento/teste. IBCF e UBCF alcançam cobertura em torno de 0,4 com relação trem/teste 0,1 e em torno de 0,8 com relação trem/teste de 0,3.Para InBCF, pode obter cobertura estável. Isto indica que o InBCF pode prever mais classificações em itens não classificados em comparação com o IBCF e UBCF. Usando o InBCF é possível obter bons valores de cobertura mesmo com baixa relação trem/teste. Se a relação trem/teste for pequena, é difícil para os métodos tradicionais de filtragem colaborativa encontrar vizinhos semelhantes do usuário ou item. Assim, no caso dos métodos tradicionais de filtragem colaborativa, a precisão da recomendação é baixa. No entanto, para uma filtragem colaborativa baseada em interesses, os usuários estão tendo diferentes graus de interesse em diferentes grupos. Os vizinhos dos usuários estão tendo diferentes graus de interesse em diferentes grupos de usuários e geralmente o número de grupos de usuários não é grande.

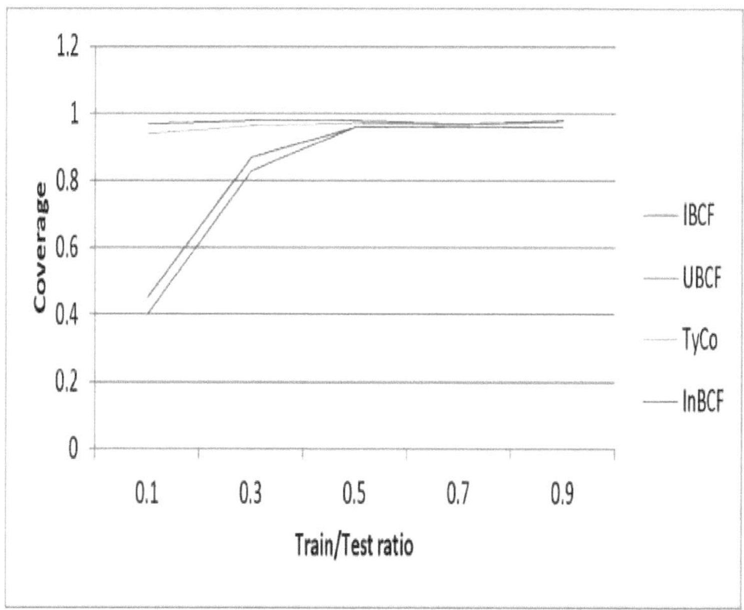

6.4 RESULTADOS

A recomendação é calculada com base na categoria do filme e nas classificações dadas pelos usuários similares. Se o usuário pesquisar um filme, ele está interessado em todos os filmes com o mesmo nome, juntamente com o ano de lançamento será exibido ao usuário. Quando o usuário clicar em um dos filmes, todas as propriedades do filme como Gênero (categoria), Arte, Música, Banner, Elenco, Diretor, Produtor, Coreógrafo, etc. serão exibidas ao usuário. Recomendação ao usuário

O interesse de um item em um conceito depende da tendência central do item para o protótipo (propriedade) do conceito. Em outras palavras, se um item é mais parecido com a propriedade de um grupo, ele tem maior grau de interesse no grupo. O grupo de usuários representa usuários que gostam dos itens no grupo de itens correspondente. Para esta categoria do item e a classificação dada pelo usuário ao item são considerados para calcular o interesse do usuário em determinado grupo de itens.

Primeiro de todos os filmes classificados pelo usuário são agrupados e os usuários que classificaram os filmes são verificados. O mapeamento é feito entre o grupo de filmes e o grupo de usuários. Para encontrar a semelhança entre os usuários, o mapeamento entre o gênero do filme e os ids de usuário de ambos os usuários é passado, assim como as classificações dadas pelos usuários e seus ids de usuário são passados para a fórmula de semelhança cosseno. Para obter os ids do gênero de filme são verificados e a lista de gênero é obtida. Para co clustering ids de filmes e classificações dadas pelos usuários são checadas.

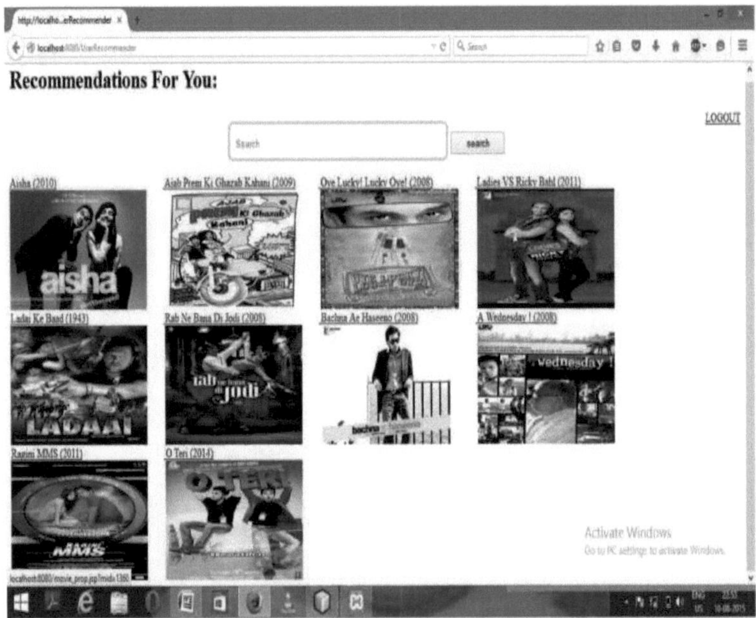

Fig 6.2 Recomendação ao usuário

Quando o usuário vai procurar um filme que lhe interesse, todos os filmes junto com o ano de

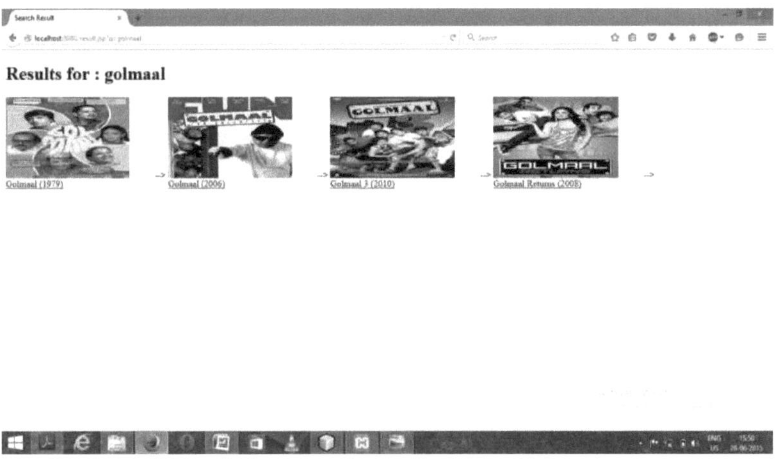

Quando o usuário clicar em um dos filmes, todas as propriedades dos filmes, como música, elenco, diretor, produtor, etc., serão exibidas ao usuário.

Fig 6.3 Pesquisa de Filmes
Fig 6.4 Filmes com Ano de Lançamento

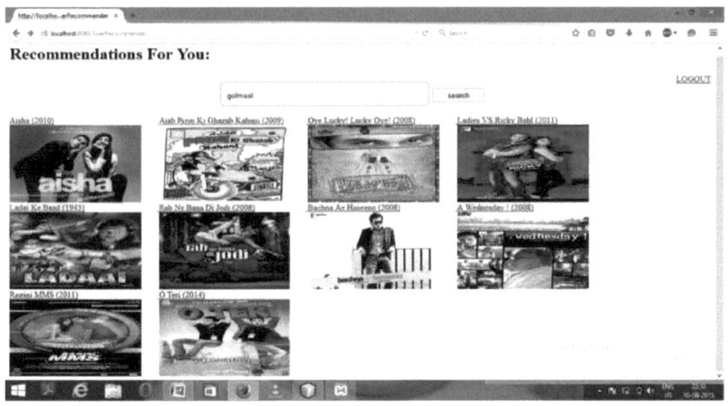

Fig 6.5 Propriedades dos Filmes

6.5 SÍNTESE

Este capítulo descreve os resultados obtidos para os utilizadores. Quando o usuário fizer o login, ele receberá recomendações. Quando ele vai procurar pelo filme, todos os filmes com o mesmo nome, juntamente com o ano de lançamento, serão exibidos ao usuário. Depois de clicar em um dos filmes, as propriedades do filme serão exibidas para o usuário. O interesse do usuário é considerado ao recomendar filmes ao usuário, o que ajudará a dar melhores recomendações.

CONCLUSÃO E TRABALHO FUTURO

CONCLUSÃO

Neste sistema proposto, a recomendação de filtragem colaborativa é implementada com uma nova abordagem. O método de co clustering é usado para medir a similaridade dos usuários. Os usuários estão interessados em agrupar itens em categorias e para cada categoria; pode haver um grupo de usuários correspondente que goste de itens nessa categoria. Uma característica distinta da filtragem colaborativa baseada em interesses é que ela seleciona usuários similares com base em seu grau de interesse em determinado grupo de itens. A categoria do item e a classificação dada pelo usuário ao item são consideradas para calcular o interesse do usuário em um determinado grupo de itens. Os itens podem ser representados por um conjunto de propriedades. Se um item for mais semelhante à propriedade de um grupo, ele tem um grau de interesse maior no grupo. O principal objetivo do sistema é utilizar o agrupamento para agrupar itens e usuários e ver seu efeito na recomendação. O sistema de recomendação em larga escala enfrenta o problema quando uma grande quantidade de dados está presente. Quando os dados disponíveis são pequenos algoritmos tradicionais disponíveis funciona bem, mas quando os conjuntos de dados aumentam, os algoritmos tradicionais podem enfrentar dificuldades. Este sistema pode superar várias limitações do método de filtragem colaborativa tradicional.

FUTURO TRABALHO

Este sistema proposto é capaz de recomendar itens aos usuários com base na categoria dos itens são classificações dadas pelos usuários. Um dos possíveis trabalhos futuros é usar métodos de computação paralela, por exemplo, Map reduce para lidar com aplicações de grande escala.

REFERÊNCIAS

[1] Yi Cai, Ho-fung Leung, Qing Li , Membro Sénior, IEEE, Huaqing Min, Jie Tang, e Juanzi Li "Typicality-based Collaborative Filtering Recommendation" IEEE TRANSACTIONS ON KNOWLEDGE AND DATA ENGINEERING, VOL. 26 NO. 3, Março 2014

[2] A. Umyarov e A. Tuzhilin, "Improving Collaborative Filtering Recommendations Using External Data", Proc. IEEE Eighth Int'l Conf. Data Mining (ICDM '08), pp. 618-627, 2008.

[3] Maddali Surendra Prasad Babu "An Implementation of the User -based Collaborative Filtering Algorithm", (IJCSIT) International Journal of Computer Science and Information Technologies, Vol. 2 (3) , 2011, 1283-1286

[4] B. Sarwar, G. Karypis, J. Konstan, e J. Reidl, "Algoritmos de Recomendação de Filtragem Colaborativa Baseada em Itens," Proc. 10ª Conf. Int'l. World Wide Web (WWW '01), pp. 285-295, 2001.

[5] Z. Huang, H. Chen e D. Zeng, "Applying Associative Retrieval Techniques to Alleviate the Sparsity Problem in Collaborative Filtering", ACM Trans. Information Systems, vol. 22, no. 1, pp. 116- 142, 2004.

[6] G. Adomavicius e A. Tuzhilin, "Toward the Next Generation of Recommender Systems": Uma Pesquisa do Estado da Arte e Possíveis Extensões", IEEE Trans. Knowledge and Data Eng., vol. 17, no. 6, pp. 734-749, junho de 2005.

[7] Eyrun A. Eyjolfsdottir, Gaurangi Tilak, Nan Li " MovieGEN: A Movie Recommendation System" Departamento de Informática, Universidade da Califórnia Santa Bárbara eyrun@cs.ucsb.edu gaurangi_tilak@cs.ucsb.edu nanli@cs.ucsb.edu

[8] K.M. Galotti, Cognitive Psychology In and Out of the Laboratory, terceira ed. Wadsworth, 2004.

[9] Chong-Ben Huang, Song-Jie Gong, empregando a teoria do conjunto rudimentar para aliviar a questão da esparsidade no sistema de recomendações, In: Proceeding of the Seventh InternationalConference on Machine Learning and Cybernetics (ICMLC2008), IEEE Press, 2008, pp.1610-1614.

[10] Sarwar B, Karypis G, Konstan J, Riedl J. Algoritmos de recomendação de filtragem colaborativa baseada em itens. In: Actas da 10ª Conferência Internacional da World Wide Web. 2001. 285-295.

[11] Manos Papagelis, Dimitris Plexousakis, Qualitative analysis of user-based and item-based prediction algorithms for recommendation agents, Engineering Application of Artificial Intelligence 18 (2005) 781-789.

[12] Hyung Jun Ahn, Uma nova medida de semelhança de filtragem colaborativa para aliviar o novo problema de arranque a frio do utilizador, Information Sciences 178 (2008).

[13] SongJie Gong, The Collaborative Filtering Recommendation Based on Similar-Priority and Fuzzy Clustering, In: Proceeding of 2008 Workshop on Power Electronics and Intelligent Transportation System (PEITS2008), IEEE Computer Society Press, 2008, pp. 248-251.

[14] SongJie Gong, GuangHua Cheng, Mining User Interest Change for Improving Collaborative Filtering, In: Second International Symposium on Intelligent Information Technology Application (IITA2008), IEEE Computer Society Press, 2008, Volume3, pp.24-27.

[15] Breese J, Hecherman D, Kadie C. Análise empírica de algoritmos de previsão para filtragem colaborativa. In: Anais da 14ª Conferência sobre Incerteza em Inteligência Artificial (UAI'98). 1998. 43~52.

[16] M. Rifqi, "Construção de Protótipos a partir de Grandes Bases de Dados", Proc.Int'l Conf. Information Processing and Management of Uncertainty (IPMU '96), pp. 301306, 1996.

PUBLICAÇÃO

Suraj Ashok Shinde e Vipul Vinayak Bag "Development of Interest Based Collaborative Filtering Recommendation Engine" International Journal Of Engineering Sciences & Research Technology (IJESRT) Vol. 4,Issue 8, Ago 2015.

Printed by Books on Demand GmbH, Norderstedt / Germany